つり人社書籍編集部 編

困った時はココ！

琵琶湖・淀川水系ほか

関西キラキラ釣り場案内63

つり人社

本書について

本書は、琵琶湖と淀川水系を中心にまとめた淡水（一部汽水を含む）釣り場ガイドです。釣りを心から愛する関西在住「なにわ淡険隊」のメンバーが自ら釣り場を回り、原稿を作成しました。

釣り場

河川、内湖などの止水域、また一部有料釣り場も含めて63箇所の釣り場を収載しました。

対象魚

釣り場ごとに、釣り場名とメインターゲットを併記しました。また、「他の魚種」としてほかに釣れる魚も記してあります。メインターゲットだけでも実に多彩です。琵琶湖名物のコアユをはじめ、ホンモロコ、オイカワ（ハエ）、ハス（ケタバス）、カネヒラなどのタナゴ類、マブナ、ヘラブナ、コイ、ブラックバス、ナマズ、テナガエビ、ウナギ、ハゼ……本書を参考に、さまざまな魚に出会ってみてください。

情　報

本書に収載した各情報は2020年5月までのものです。現状を保証するものではなく、釣り場環境や対象魚に変化が生じている可能性もあります。釣行の際には釣具店等で現地の最新情報を入手してから釣行されることをおすすめします。

現地で本書に記載外の釣り禁止・立入禁止ほか制限や規則を示す標識等がある場合は遵守してください。

マナーを守って、たのしく釣ろう！

マナー・規則について

琵琶湖とその周辺部の水域は魚種が多彩です。釣り人はお互いの釣りの特徴を知り、尊重し合って楽しみましょう。ほかのアウトドアレジャーについてももちろん同様です。

琵琶湖湖岸から沖に伸びているエリは漁師さんの所有物なので、そこでの釣りは絶対に控えましょう。産卵床として設置された浮き魚礁ではコイやフナの採取が禁止されています。トラブルを避けるために、他の釣りも控えましょう。

近隣に住宅がある場合は大きな音を立てないように。また付近に駐車場のない釣り場は地元住民や他者・他車の通行の妨げにならないように細心の注意を払いましょう。

滋賀県内のアユ釣りは9月1日から11月20まで禁漁期間が設定されています（※コアユを含む。ただし漁業権が設定され遊漁料金が発生する漁協管轄内では、各漁協の遊漁規則に準じる）。場所によっては保護水面等もあるのでご注意ください。不明な点はあらかじめ各府県の水産課や釣具店等でしっかり確認してから釣りを楽しみましょう。

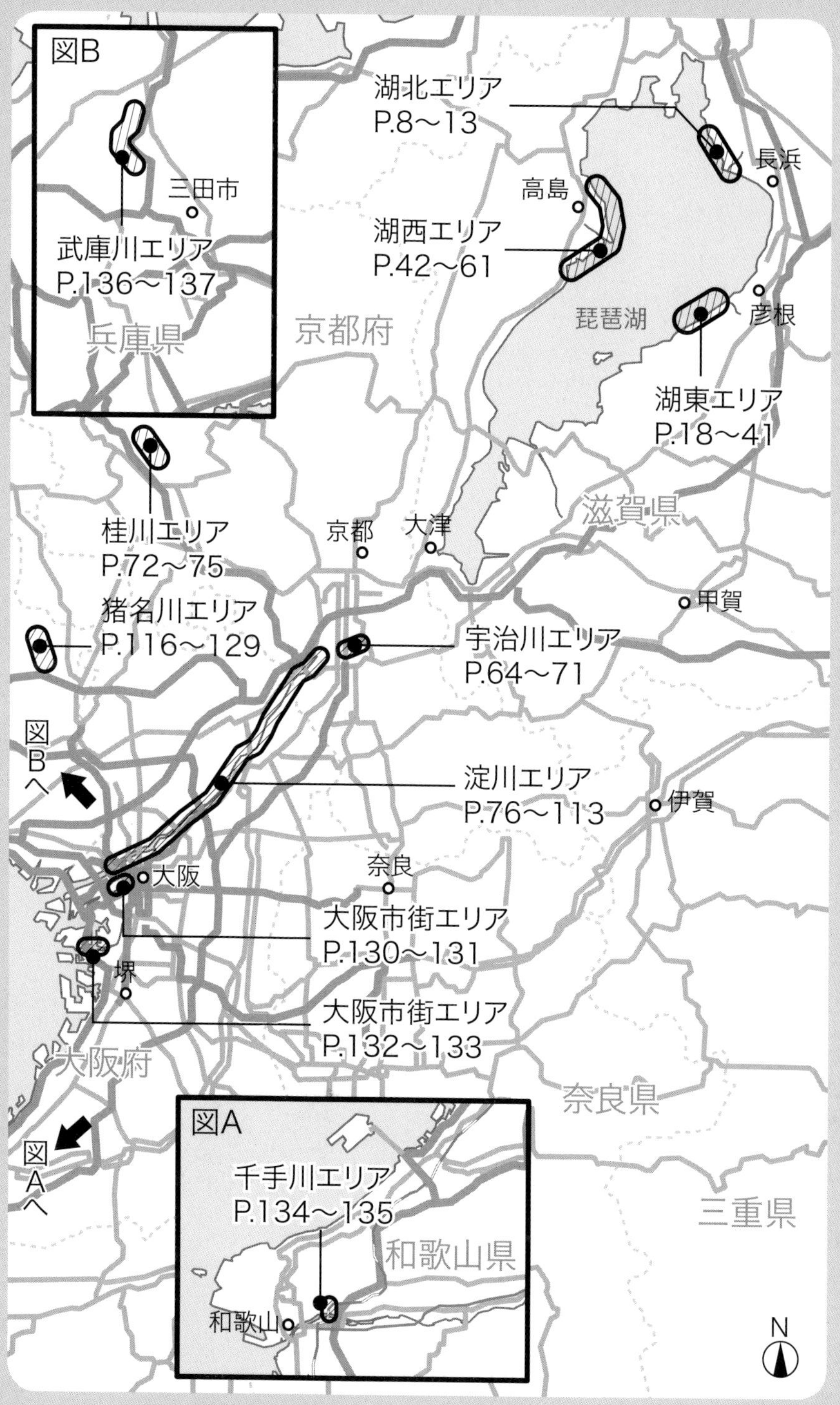
図B
武庫川エリア
P.136～137
三田市
兵庫県
京都府
湖北エリア
P.8～13
長浜
高島
湖西エリア
P.42～61
琵琶湖
彦根
湖東エリア
P.18～41
滋賀県
桂川エリア
P.72～75
京都
大津
猪名川エリア
P.116～129
甲賀
宇治川エリア
P.64～71
図Bへ
淀川エリア
P.76～113
伊賀
大阪
奈良
大阪市街エリア
P.130～131
堺
大阪市街エリア
P.132～133
大阪府
奈良県
図A
千手川エリア
P.134～135
図Aへ
三重県
和歌山県
和歌山
N

目次

装丁　神谷利男デザイン株式会社
神谷利男・坂本成志・發知明日香
地図　堀口順一朗

エリアMAP

湖北・湖東エリア

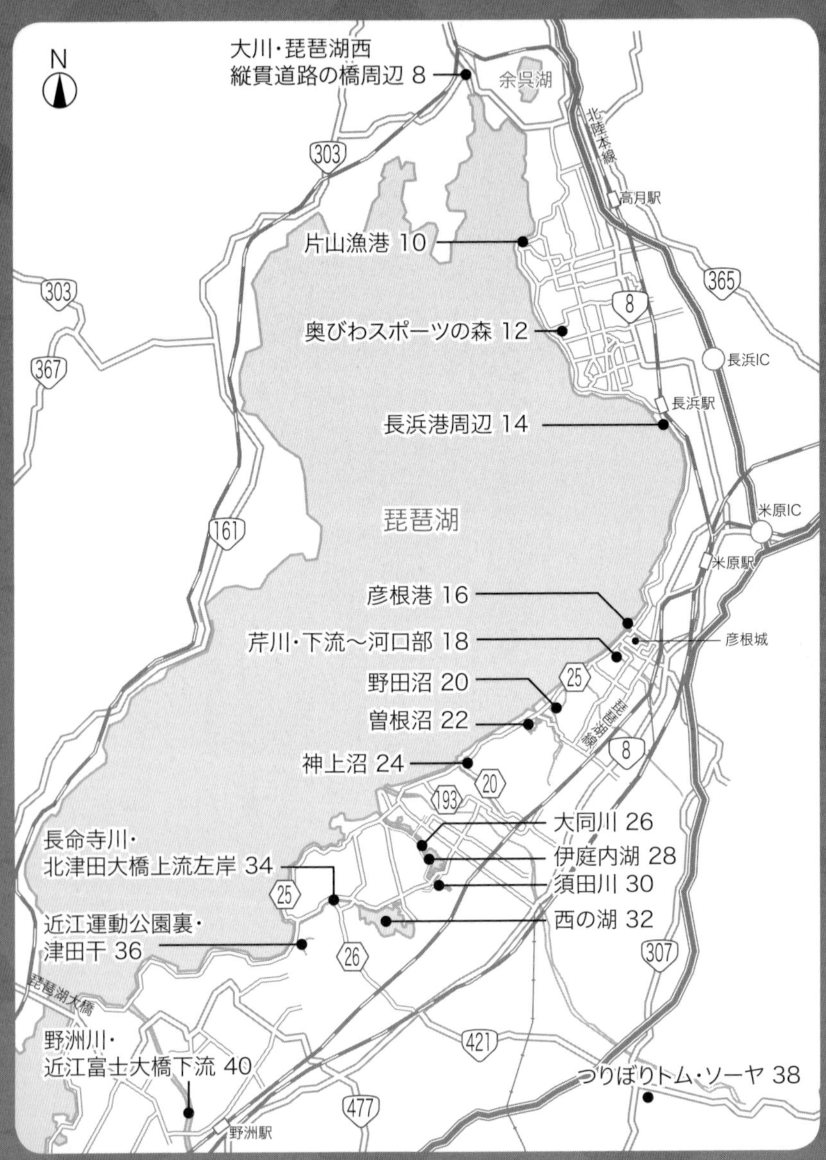
N
大川・琵琶湖西
縦貫道路の橋周辺 8
余呉湖
303
北陸本線
高月駅
片山漁港 10
365
303
8
奥びわスポーツの森 12
長浜IC
367
長浜駅
長浜港周辺 14
米原IC
琵琶湖
161
米原駅
彦根港 16
芹川・下流〜河口部 18
彦根城
野田沼 20
25
曽根沼 22
8
神上沼 24
20
193
大同川 26
長命寺川・
北津田大橋上流左岸 34
伊庭内湖 28
須田川 30
25
西の湖 32
近江運動公園裏・
津田干 36
26
307
琵琶湖大橋
野洲川・
近江富士大橋下流 40
421
つりぼりトム・ソーヤ 38
477
野洲駅

エリア MAP

湖西エリア

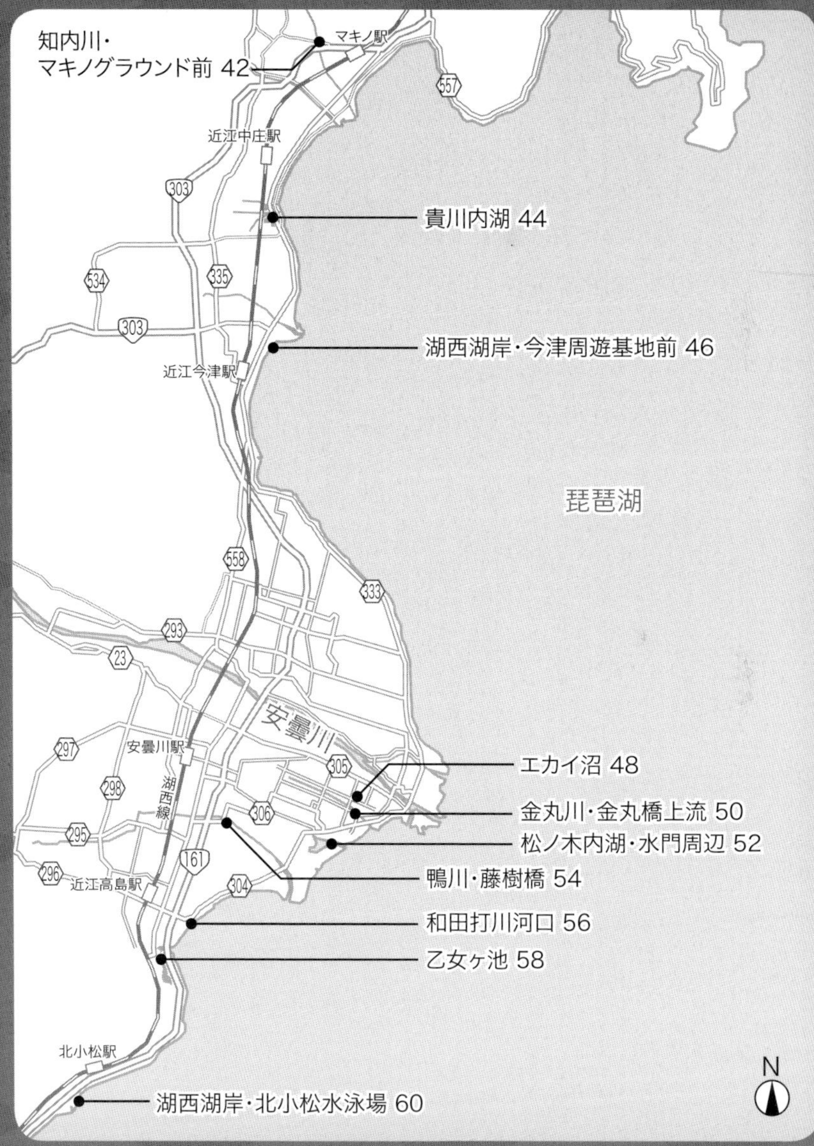

知内川・マキノグラウンド前 42
マキノ駅
近江中庄駅
貴川内湖 44
湖西湖岸・今津周遊基地前 46
近江今津駅
琵琶湖
安曇川
安曇川駅
湖西線
エカイ沼 48
金丸川・金丸橋上流 50
松ノ木内湖・水門周辺 52
鴨川・藤樹橋 54
近江高島駅
和田打川河口 56
乙女ヶ池 58
北小松駅
湖西湖岸・北小松水泳場 60

N

滋賀県長浜市

大川・琵琶湖西縦貫道路の橋周辺

コアユ

他の魚種
オイカワ・ハス(ケタバス)

シーズン 4〜8月

琵琶湖の塩津浜に流れ込む一級河川・大川は、シーズンともなれば多くのコアユが遡上する。今回紹介するのは、R8・303から西浅井町に入り、大川を渡るR303琵琶湖西縦貫道路の橋周辺。ランドマークは西浅井いきいきホール。地理的に中京方面からの釣り人が多く、人気のポイントの1つとなっている。川幅は10〜15m、水深は深い所でも50〜60㎝。水質は綺麗で底石まで見える。

仕掛けは、一般的な河川用のラセン仕掛けでよい。水深が浅いので、ハリ数はあまり多くする必要はない。おすすめは2〜5本。サオは必要以上に長いものを使わず、短めのほうが手返しがよい。寄せエサは生シラスを使う人もいるが、保存性がなく高価なのが難点。最近はウエットタイプですぐに使え、常温保存が可能な「小鮎マキエ」が地元の釣具店でも入手可能なので、こちらをおすすめする。バラケ性のよい寄せエサで仕掛けをリズムよく頻繁に打ち返し、とにかく多くのコアユを仕掛けの投入点に寄せることがキモになる。

シーズン初期は、全体に浅いなりにも比較的水深がある所にコアユが溜まるので、そこを中心に仕掛けを流すとよい。本格的なシーズンともなれば、流れの強い瀬などにも群れが散らばりポイントは広がる。川に立ち込んで釣るため、長靴よりもウエーディングシューズのほうがコケなどで滑りにくいので安心だ。

雨後の増水・濁り時が好機

コアユ釣りにとって最もよい条件は、まとまった雨が降り、増水して濁りの入った状態である。このような時は本湖から新しい群れが遡上し、川は元気なコアユであふれる。

また、コアユ釣りには旬のコアユを味わえるという、釣った後の楽しみがある。天ぷら、空揚げなどは最高のお酒のおつまみになる。雨後のアユは砂を食んでいることがあるので、その場合ハラワタを出して食べるとよい。

最後に、コアユ釣りは8月31日まで可能で、それ以降は禁漁となる。釣行前には滋賀県保護水面禁止区域・禁止期間等を確認しておきたい。

ACCESS

クルマ

北陸自動車道路木之本ICを降りてR8・303を西へ進み、塩津交差点を左折すると大川を渡る橋に出る。

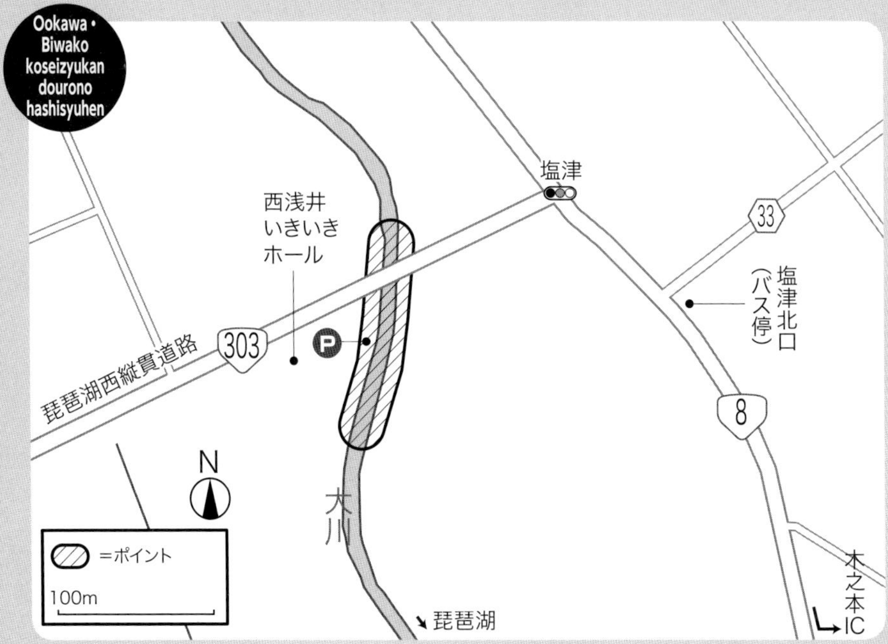

Ookawa・Biwako koseizyukan dourono hashisyuhen

塩津
西浅井いきいきホール
33
塩津北口（バス停）
303
琵琶湖西縦貫道路
8
N
大川
=ポイント
100m
琵琶湖
木之本IC

初期は少しでも水深があり緩やかな流れを探ろう

中京方面の釣り人には人気だが、大阪や京都からは少し距離があるので穴場的な場所ともいえる

ハイシーズンになるとコアユたちは瀬にもつく

滋賀県長浜市

片山漁港

シロヒレタビラ

他の魚種
コアユ・フナ・コイ・ホンモロコ・
ビワヒガイ・ブラックバス・ブルーギル
シーズン
4月中旬〜
6月上旬

長浜市尾上地区に位置する、北湖を代表する大きな漁港。無料の駐車場やトイレもある。メインターゲットのシロヒレタビラは、シーズンともなれば遠く関東方面からも釣り人が訪れるほど人気がある。かつては南湖でも容易にその姿を見ることができたシロヒレタビラだが、近年の環境変化で数が激変してしまった。それだけに貴重な存在であり、乱獲等は謹んでいただきたい。

琵琶湖に生息するシロヒレタビラは、普段は岸から離れた水深の深い所に生息しているようだ。産卵期だけは接岸してくるため、春から初夏にかけてがチャンスとなる。

堤防から長ザオでタナゴ釣り

ポイントは漁港の北側本湖向きが中心となるが、写真のとおり足場が高く、波止際には真ん中に穴が空いた大きな消波ブロックが敷き詰められている。水深は沖に向かって2〜3m以上あり、カケアガリ状に深くなっている。したがって、一般的なタナゴ釣り場とはだいぶ勝手が異なってくる。使用するサオは少なくとも9尺以上、より遠めのポイントをねらう場合は4・5m程度の長ザオが必要となる。また、足場が高く水深もあるので、海の防波堤釣りのようにライフジャケットを着用してもらいたい。

釣り方だが、ブルーギルや小バスを避けて、消波ブロックの穴や隙間に潜むシロヒレタビラをねらう。そのため仕掛けも繊細なものではなく、浮力のある大きめのウキを使い、底のポイントまで早く沈めることが重要。軽い仕掛けでゆっくり沈めると、ブルーギルや小バスをかわせない。ブルーギルは大型が多く、その点でも太仕掛けにしたいが、サオとのバランスでハリスはある程度細めにしておきたい。エサはグルテン、黄身練り、アカムシやミミズなど。水深があるためエサ持ちのよい虫エサを使う人が多い。

隣接する湖岸（ゴロタ石やヨシ、水草が点在する）にも、シロヒレタビラの回遊が見られる。波止に人が多い時は、そのようなポイントを探ってみるのもよいだろう。また、専門にねらう人は少ないが、コアユやホンモロコの群れを目にすることもあるので、試してみるのも面白いかもしれない。漁港内も、シーズンを通していろいろな魚が釣れるのもこの場所の特徴だ。

ACCESS

クルマ

北陸自動車道路小谷城スマートICから約15分。一般道は、長浜方面から県道331号さざなみ街道を北へ進み、尾上交差点を左折。港入口に駐車場があるが時間に注意。

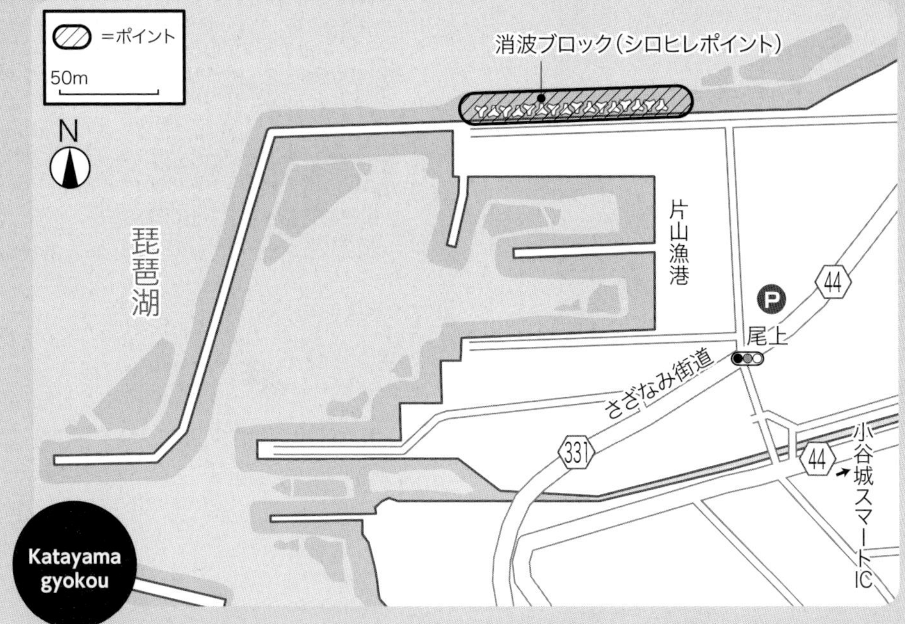

漁港内も1年を通してさまざまな魚が釣れる

湖北を代表する漁港。マナーを守り、みんなで釣りを楽しみたい

高い足場から消波ブロックの穴や隙間をねらう

出会える時期が限られる貴重なシロヒレタビラ

琵琶湖のシロヒレタビラに魅せられて遠方から訪れるファンも多い。乱獲は厳に慎みたい

滋賀県長浜市

奥びわスポーツの森

ホンモロコ、マブナ

奥びわスポーツの森にある周囲約1km程度の内湖。公園内には野球のグラウンドや体育館、遊戯施設、トイレ、無料駐車場などが揃っており、足場もよくファミリー向きの釣り場となる。この内湖には通年小魚が多く、マブナ、コイをはじめホンモロコ、タナゴなど多彩にねらえるのがうれしい。

ホンモロコは、年にもよるが魚影はかなり多く好釣果が期待できる。琵琶湖の中でも遅めに釣れだし、ホンモロコの釣り場としては意外に知られておらず、穴場的な存在だ。一番のポイントは本湖につながる水路入り口から駐車場にかけての湖岸で、足場もよく釣りやすい。水深は浅く、夏場はハスが伸びて釣りにくくなるが、ハスの隙間をウキ釣りでねらう。

ホンモロコの穴場的な釣り場

サオは3〜4mの短めのものでよい。仕掛けは市販のウキ釣り仕掛けでOK。エサは、マブナの場合はグルテンがおすすめだ。ホンモロコなどをねらうのであれば、アカムシやミミズなど虫エサがよいだろう。

水路は幾分流れがあり、また周囲には乱杭も点在しているので、そのような障害物周りをねらう。岸際のポイントの水深は50〜60cmと浅いので静かに釣ろう。

ヤリタナゴやタイリクバラタナゴが釣れるのも魅力だ。タナゴでもポイントは同じくアシ際や杭周りなので、タナゴザオで充分。仕掛けは小型の親ウキに糸ウキを組み合わせた連動シモリ仕掛けがよい。また、事前にウキを水面下で止まるゼロバランスに調整しておくことをおすすめする。エサはタナゴ用のグルテンか黄身練り。まずは大きめにグルテンを付けてタナゴを寄せる。アタリが出だしたら黄身練りに交換。アタリが遠のいたらタナを調整して探ってもよい。

公園から北東を望めば、遠くに日本百名山の伊吹山が見える。近年、人気の長浜の町並み観光を兼ねて一日遊ぶには最高の場所だ。

ACCESS

クルマ

北陸自動車道長浜ICを降り、県道37、251で琵琶湖方面へ向かい県道331さざなみ街道を北進、ICから20分ほどで現地。

255
びわ体育館
奥びわスポーツの森
331
琵琶湖
さざなみ街道
奥びわスポーツの森グランドゴルフ場
長浜駅
N
=ポイント
100m

釣り場となる内湖。アシ際はタイリクバラタナゴのよいポイント。敷地内には無料駐車場、トイレ、テニスコート、グラウンドゴルフ場など各種施設が充実している

ホンモロコの穴場的な釣り場

マブナの魚影も多い

琵琶湖とつながる水路。ホンモロコ、マブナ、タナゴの一番のポイント

岸際の杭周りも見逃せないポイント

滋賀県長浜市

長浜港周辺

オイカワ(ハエ)、マブナ、ヘラブナ、ホンモロコ、ブルーギル

長浜港は北湖東岸にある最大規模の港だ。駐車場やトイレも整備されている。足場がよいのでファミリーフィッシングにおすすめ。

長浜港南側に流れ込む米（よね）川河口はベイトフィッシュが多く見られ、ブラックバスの付き場として有名。

また長浜港を含む周辺一帯が北湖東岸エリアで最大のワンド状地形に属しており、魚が集まりやすい。長浜港以外にも河川の流れ込み、ブッシュ、ウイード、石積みなどさまざまな地形の変化が複合するため、A級の釣り場といえる。近くには羽柴秀吉（豊臣秀吉）が最初に築城した長浜城、豊公園など、観光できるエリアも多く、JR北陸本線からも比較的アクセスがよく、長浜の町並みを散策しながら釣りを楽しむのも面白いだろう。

注意点として、長浜港は北側のボートハーバー、大突堤、また米川の小さな漁港がすべて立ち入り禁止になっている。

ファミリーで五目釣りが楽しめる

さて前述したとおりここではバスフィッシングの人が多いが、実はノベザオで淡水の五目釣りも楽しめる。サオは4・5mくらいでOK。仕掛けは市販のウキ釣り仕掛けでよい。エサは練りエサ、アカムシ、サシ、ミミズ、どれを使ってもアタリが出るはずだ。

オイカワ（ハエ）、マブナ、ヘラブナ、ホンモロコ、ブルーギルなど目標は五目（5種）。ほかにも琵琶湖に生息するいろいろな淡水魚が釣れる可能性がある。釣った魚はエアーポンプ付きのバケツで活かしておき、あとで市販の観察用アクリルケースに入れてじっくり観察するのも面白い。

また周辺には琵琶湖本湖での釣りも楽しめるところがたくさんあるので、岸伝いを歩いてポイントを探して釣るのも面白いだろう。

最後に、長浜駅近くにある黒壁スクエアには多くの飲食店が並び、琵琶湖特有の淡水魚（ニゴロブナ、イサザ、コアユ、ビワマス、ホンモロコ）の料理が食べられるお店もあるのでぜひご賞味いただきたい。

ACCESS

クルマ

北陸自動車道長浜ICから約15分。一般道からは県道2号さざなみ街道を長浜方面へ。港町交差点左折。

電車

JR北陸本線長浜駅から長浜港へ徒歩約15分。

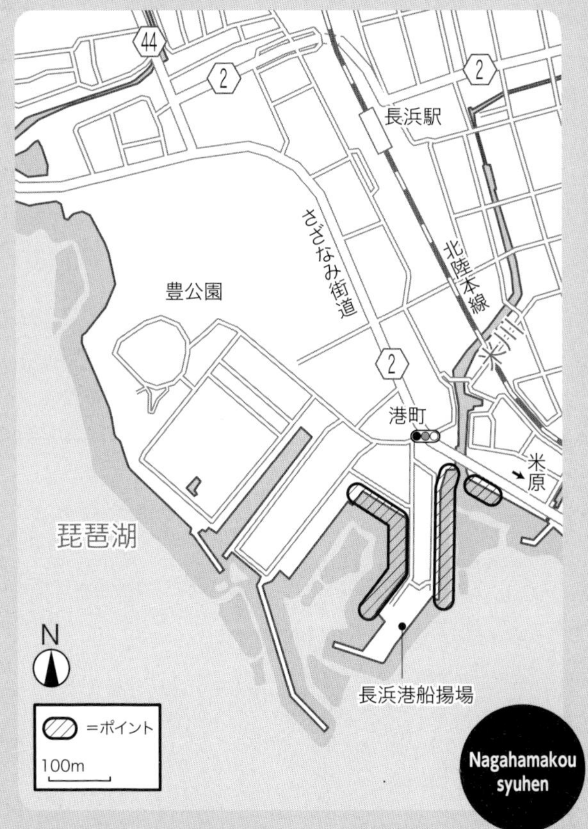

Nagahamakou syuhen

足場がよく家族連れで楽しむにも好適

駐車場やトイレが近いのもうれしい

長浜港周辺にもポイントが多い
(立入禁止エリアに注意)

滋賀県彦根市

彦根港

コアユ

他の魚種
ハス（ケタバス）・ブラックバス
ブルーギル・コイ・ヘラブナ・ナマズ
シーズン
4月下旬～
8月下旬
12 1 2 3 4 5 6 7 8 9 10 11

彦根城は姫路城、松本城、犬山城、松江城とともに国宝に指定されている名城の1つである。天守をはじめ、屋敷内には重要文化財も多くあり、全国的にも極めて保存状態のよい城であり年間を通じて多くの人が訪れる。彦根市のマスコットキャラクター「ひこにゃん」も毎日登場してパフォーマンスを行なっている。城の周りの濠（ほり）を遊覧する屋形船もあり、春は桜、秋は紅葉を船上から楽しむこともできる。さらに、風情のある城下町が残っており一日では足りないくらいの観光スポットとなっている。

観光スポットも盛りだくさん

釣り場となる彦根港は、琵琶湖遊覧船「竹生島・多景島」行の乗り場としても有名。ゴールデンウイークや夏休み、秋の行楽におすすめだ。泊りがけで釣行を楽しむのもよい。このように、家族連れの方にも本当におすすめの観光スポット&釣り場だ。インターの近くには釣具店もある。

人気のターゲットはコアユ。漁港のため足場は非常によい。ただし子供連れの場合は、水深が深いので必ずライフジャケットを着用させて、子供から目を離さないようにしよう。

流れのある川のコアユ釣り場とは違って水深があるので、海釣りのサビキ釣りをイメージするとよい。

サオは4・5m前後あれば充分。海釣りのサビキと違う点は、カゴの代わりに、ラセンに寄せエサのしらすダンゴをにぎり付けるという点だろう。ウキは玉ウキをつけよう。

釣りのコツは、やはりコアユをいかに寄せるかということにつきる。テンポよく仕掛けを投入して、とにかくコアユを寄せよう。コアユが寄ってきて、玉ウキに反応が出てきたらチャンス到来だ。当たってから少し待ち、追い食いさせて2、3尾一度に釣ると数も伸びるだろう。

コアユ以外にもハス（ケタバス）、ブラックバス、フナ、コイなどが釣れる場所としても人気なので、一年を通じて楽しめるエリアである。

ACCESS

クルマ

名神高速彦根ICから約15分。近くに駐車場もあるので便利。一般道は県道25号さざなみ街道を彦根方面へ。

電車

ＪＲ琵琶湖線彦根駅より約2km（徒歩で約30分）。

シーズンの週末は多くの人でにぎわう

足場のよいポイントが続く

コアユの数釣りが楽しめる

滋賀県彦根市

芹川・下流～河口部

コアユ

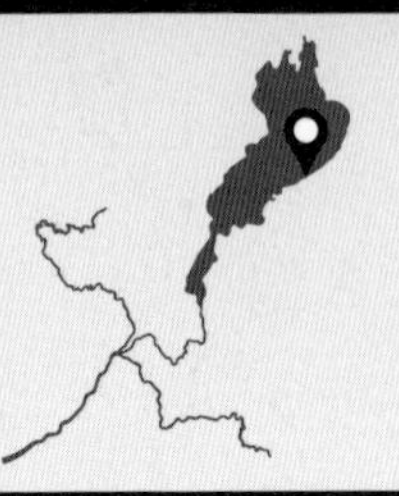

湖東地域を流れる淀川水系の一級河川、芹川。善利川とも表記される。樹齢400年のケヤキ並木で有名な遊歩道は桜も見事であり、彦根城より歩いて10分と好アクセスで、お城散策ついでにお花見を楽しめる。そして4月下旬以降の芹川は、コアユ釣りの激戦区でもある。ただし、年によってコアユの遡上時期が違うので、タイミングが悪いとまったく釣れない時もある。最近はSNSなどで情報が発信されているので、それらを参考に出かけるのもよいだろう。

人気のコアユ激戦区

県道25号さざなみ街道が渡る橋の上流側一帯と、河口付近がコアユポイントとなる。近くには駐車スペースが少ししかなく、公共交通機関を利用するか、彦根城近くの駐車場に車を停めてポイントまで歩くというスタイルになる。

川幅は狭く、比較的水深も浅く流れが速い。底は砂利底。春先の雨が降った後などに、本湖から大量のコアユが一気に遡上する。その時に当たればかなりの釣果が期待できる。

4・5～5・4mのノベザオに、市販のコアユ釣り仕掛けでチャレンジしよう。しらすダンゴを仕掛けのラセンにセットし、何度も仕掛けを投入しよう。そして、しらすダンゴに集まってきたコアユを手返しよく釣っていく。釣り場は川岸に降りられるので足場もよく、子供連れにもおすすめだ。

河口付近にもたくさんのコアユが見られる。そのコアユを追うハスの姿も目視できるので、ルアーフィッシングの準備があれば、コアユ釣りの合間にハスをねらうこともできる。真夏の暑い時期に、膝まで水に浸かってハスをねらうのがおすすめである。

ハスは姿がたくさん見えるのになかなかルアーに反応しないことも多い。それだけにルアーをローテーションしてヒットさせることができた時の喜びと興奮は大きい。ぜひチャレンジしていただきたい。

ACCESS

クルマ

県道25号さざなみ街道を彦根方面へ。芹川を渡る橋周辺が釣り場。近くに駐車場がないので注意が必要。

電車

琵琶湖線彦根駅より徒歩約40分。

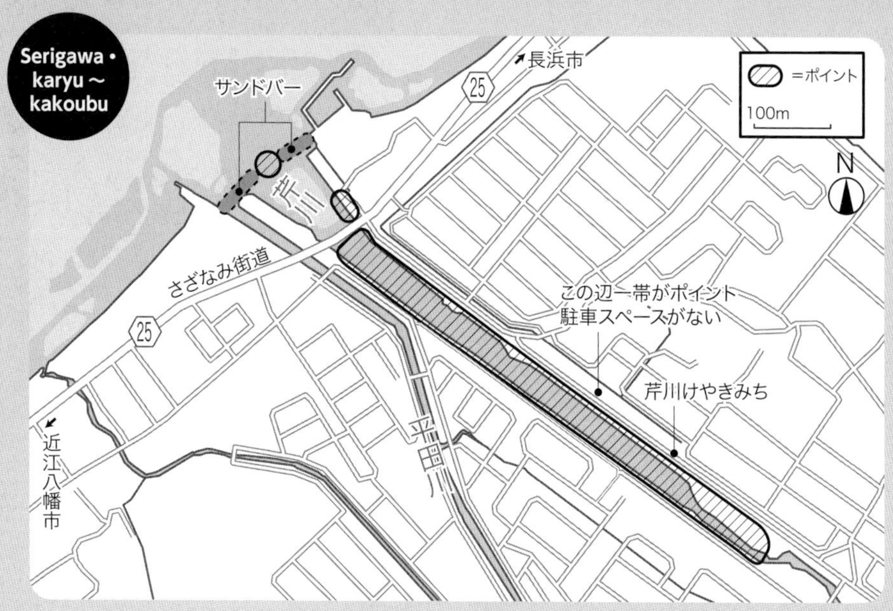

上流部のポイントの川相

さざなみ街道が渡る橋
周辺もポイントの1つ

河口付近はコアユを食べにハスも集まってくる

河口はご覧のとおりの人気

滋賀県彦根市

野田沼

ブラックバス

他の魚種
ナマズ・ライギョ

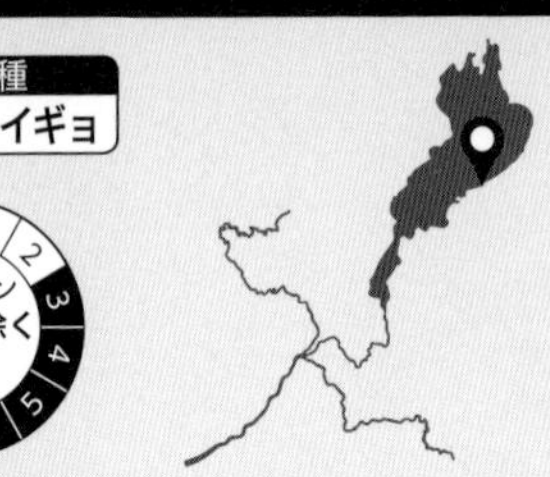

田園地帯の中にある野田沼。北には伊吹山が遠望でき、背後には荒神山がそびえる。駐車スペースやトイレもある。彦根には日本100名城の1つ彦根城もあり、人気のマスコット「ひこにゃん」もいる。風情のある城下町を探索するのも楽しみの1つである。近くには湖岸道路が通っているのでアクセスもよく、ドライブがてらの釣行にもおすすめだ。周辺には曽根沼、神上沼などの内湖が点在しており、時間に余裕があればそれらの釣り場を探索してみるのもよい。

また、歴史をひも解くと、江戸時代には将軍から鷹を下賜された彦根藩の井伊家が舟から鷹狩りを行ない獲物を献上していた、そんな由緒のある沼でもある。

夏場のフロッグゲームがおすすめ

釣り場としての野田沼はバスフィッシングで人気の内湖で、ブラックバスは真冬以外ならいつでも釣れる。ちなみに、ボート、フローターは禁止なので注意しよう。

シーズンは、スポーニングで本湖から入ってくる春～初夏はもちろん好機。夏場はリリーパッドに覆われ、フロッグゲームが面白い。

愛くるしいルアーのフロッグを使ったトップウオーターゲームでは、ブラックバス以外にもナマズ、ライギョなども棲んでいるので、思いがけないエキサイティングな出会いが待っているだろう。カバーゲーム専用のヘビーなタックルを使えば、ストレスなくカバーを引ける。雨が降った後や朝夕のマヅメあたりがチャンス（ランディングネットを忘れずに！）。また、夏場は虫よけや日焼け対策をして出かけよう。帽子・サングラスも必須。熱中症にも注意したい。

このほか、野田沼には数多くの淡水小ものも棲んでいる。小もの釣り用の仕掛けを持参して一日通して遊んでみるのも面白いだろう。

ACCESS

クルマ
県道25号さざなみ街道を彦根方面に進む。宇曽川を渡り右折し荒神山通りを直進。

琵琶湖

=ポイント

100m

N

25

野田沼公園

野田沼

夏はリリーパッドにおおわれる

P

荒神山通り

荒神山通り

宇曽川

196

Nodanuma

足場がよいのでルアーフィッシングに最適。夏は水面がリリーパッドに覆われ、フロッグゲームが面白い

本湖につながる水路付近は好ポイント

短ザオでアシ際の小ものをねらうのもよい

滋賀県彦根市

曽根沼

マブナ、ナマズ

田園地帯の真ん中にある内湖、曽根沼。夏場はリリーパッドに覆われ、フロッグなどのトップウオーターゲームが楽しめる場所である。トイレ・駐車場も整備されており、足場もしっかりしている場所があるのでファミリーにもおすすめ。また、曽根沼から遠望する伊吹山は絶景。野鳥も多く見られ、自然を満喫できる。

遊歩道は公園利用者の通行の妨げになるので釣りは遠慮したい。もしも遊歩道で投げるのであれば、周囲の安全確認は必ず行なってほしい。

季節ごとに多彩なターゲットに会える

マブナ釣りの場合、4ｍ前後の渓流ザオに定番のシモリ仕掛けを使ったウキ釣りがおすすめ。ハリは2本バリでキジバリ7号。エサはミミズ。よりアピールするためにミミズを2〜3匹付けるのも効果的だ。シモリウキを5㎝くらいの間隔で3〜5個ミチイトにセットし、シモリウキがゆっくり沈むようにオモリを調整して釣る。アシ際、オダ、倒木などの障害物周りを集中的にねらおう。

エサ持ちがよく、万能エサとして使えるミミズはマブナにも効果的だが、ブラックバスが釣れることもある。曽根沼にはたくさんのフィッシュイーターがいるので、季節に応じていろいろとねらえるのも魅力だ。ナマズ釣りでも有名で、春先は本湖よりも早く水温が上がるため最高のポイントとなる。

ベイトタックルに定番ルアーのジッターバグを付け、アシ際をねらう。ナマズが動き出す夕マヅメは最大のチャンスで、果敢にルアーにアタックしてくる。また夏場は水温が高くなるため、雨上がりに魚の活性がよくなり、ねらいめだ。

大型のコイも多く、春先の乗っ込み時期は最大のチャンス。シーバス用などのルアーロッドに市販の吸い込み仕掛けをセットしてアタリを待つ。

ACCESS

クルマ

県道25号さざなみ街道を彦根方面に進む。須三嶺大橋交差点の目の前を流れる宇曽川を渡る手前右側の沼が曽根沼。

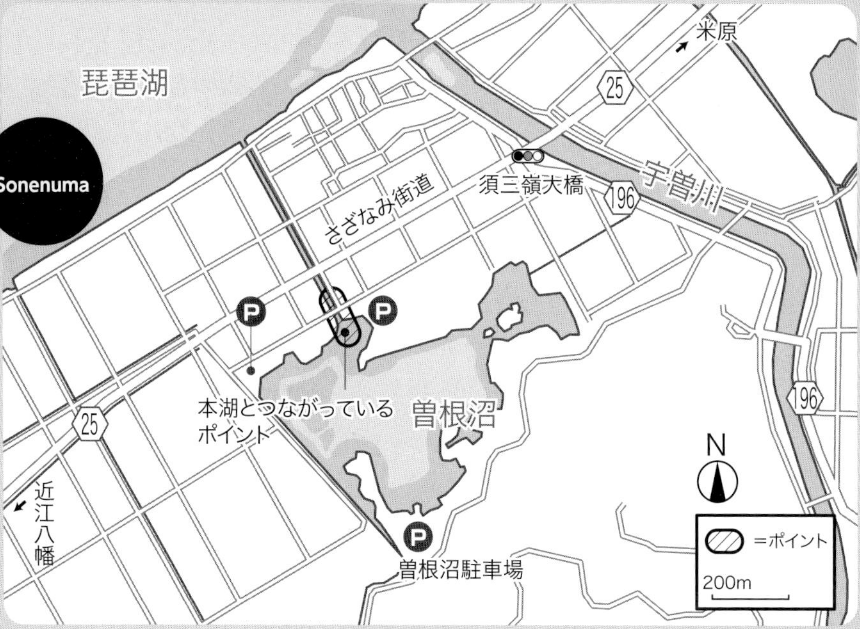

Sonenuma

琵琶湖
米原
25
須三嶺大橋
宇曽川
196
さざなみ街道
本湖とつながっているポイント
曽根沼
196
25
N
近江八幡
曽根沼駐車場
=ポイント
200m

エサの場合は沼がリリーパッドに覆われる前が釣りやすい

沼の周囲はアシが茂るが、ところどころ切れている場所からはサオをだしやすい

本湖とつながる水路は重要ポイント

無料の駐車場もある

滋賀県彦根市

神上沼

ヘラブナ、マブナ

こぢんまりとした内湖でヘラブナ釣り

湖東にある小さめの内湖、神上沼（じんじょう）は外周を歩いて回ることができる。何箇所か駐車スペースもあり、クルマ釣行の人も安心。水深は全体に浅めで、いろいろな魚の産卵場所になっている。特にヘラブナ釣りを楽しんでいる人の姿が多く見られる。

夏場は崖際がヨシに覆われるので、ヨシが切れている所が釣り場となる。足場はよい。

フナの中でも一番のファイターであるニゴロブナが混じることがあるので、フナ釣りファンにはおすすめのポイントだ。

サオは4・5mくらいのヘラザオがよい。仕掛けは市販のフナ釣り仕掛けで、エサは練りエサ。

初心者に注意してもらいたいのは、最初にウキ下の調節を確実に行なうこと。ハリ先が底スレスレにくるようにタナをセッティングしよう。それができたら、ポイントに仕掛けを何度も打ち返して魚を寄せる。アタリがないからといってすぐにポイントを移動するのではなく、静かにアタリを待つ。

底に変化のある所が魚が寄りやすいポイントになっているので、底のイメージを意識しながら釣るとよい。また障害物などがある所もポイントとなる。

また、カマツカ、モツゴ、ワタカ、ホンモロコ、オイカワも生息しており、秋には無数の小魚の群れを水面付近に見ることもある。これらをねらって小もの釣りをするのも楽しい。その場合、エサはアカムシなどがよいだろう。

琵琶湖にはヘラブナ、マブナ、ニゴロブナなど多くのフナが生息しており、琵琶湖を代表するふな寿司なども周辺のお土産屋さんで買い求めることができる。近くには湖岸道路という周遊道路があるので、ドライブがてら立ち寄るのも楽しいだろう。周辺にはトイレや駐車場が整備されたエリアも多く、ところどころにコンビニエンスストアなどもある。

ACCESS

クルマ

県道25号さざなみ街道を彦根方面へ。愛知川を渡り柳川町交差点を越えてすぐ両サイドに神上沼が見える。

沼の外周は足場がよく歩いて回れる

アシや杭周りは1級ポイント

小さな内湖だがヘラブナ釣りには人気の場所だ

無料駐車場も整備されている

滋賀県東近江市

大同川

ホンモロコ

伊庭内湖(いばない)を挟んで琵琶湖本湖に注ぐ大同川は、長命寺川とならんで早い時期からホンモロコが釣れだすことで有名な釣り場。川幅は広い所で100m以上あり、ホンモロコの回遊が流れのミオ筋に集中するシーズン初期はポイントが遠い。そのため、リールザオを使った投げ釣りが有利だ。仕掛けは市販のホンモロコ投げ釣り仕掛けで充分。エサはアカムシ。ただし、ハリ数が多いので手返しが悪く、トラブルも発生しやすいため、初心者にはあまりおすすめしない。

ノベザオでねらうならシーズン中盤以降が◎

シーズン中盤以降になると、ホンモロコの群れは岸際のアシ周りやカケアガリの浅場にも多く見られるので、ノベザオにシンプルなウキ釣りでも充分釣果が上がる。釣趣もあるのでぜひこちらをおすすめしたい。

シーズン全体をノベザオで通すなら、初期は18尺(5・4m)以上の長ザオがおすすめだが、中盤以降は15尺(4・5m)以下でも釣果は望める。エサはアカムシ、ミミズなど。ウキは、玉ウキなどよりも感度に勝るハエウキやヘラブナ用の短めのウキがよい。

右岸の水深は意外と深く、タナは底を少し切ったあたりをねらうとよい。ホンモロコはウキが消し込むようなアタリも多いが、おおむね早アワセは禁物。前触れの後、サオ先で軽く誘いを入れ、ひと呼吸置いて合わせるほうが掛かりがいい。

持ち帰ったホンモロコは素焼き、天ぷら、空揚げなどいろいろ楽しめる。シーズン当初は骨もやわらかく、頭から食べられる。はらわたを出す必要もないのでとても楽だ。おすすめはやはり素焼き。ほんのり焦げ目がついたホンモロコを生姜醤油にサッとくぐらす。川魚特有の臭いもなく、本当に美味しい。滋賀県の地酒との相性は最高!

ポイントの注意点として、左岸側の川沿いの道に車を停めて釣りをする人が多いが、必ず他車の通行の妨げにならないように注意してほしい。また、投げ釣りの人が非常に多く、中には1人で数本サオをだす人もいるが、なるべく譲り合って釣りをしよう。

ACCESS

クルマ

県道25号さざなみ街道を北へ進み、水車橋交差点を能登川水車とカヌーランド方面に右折。

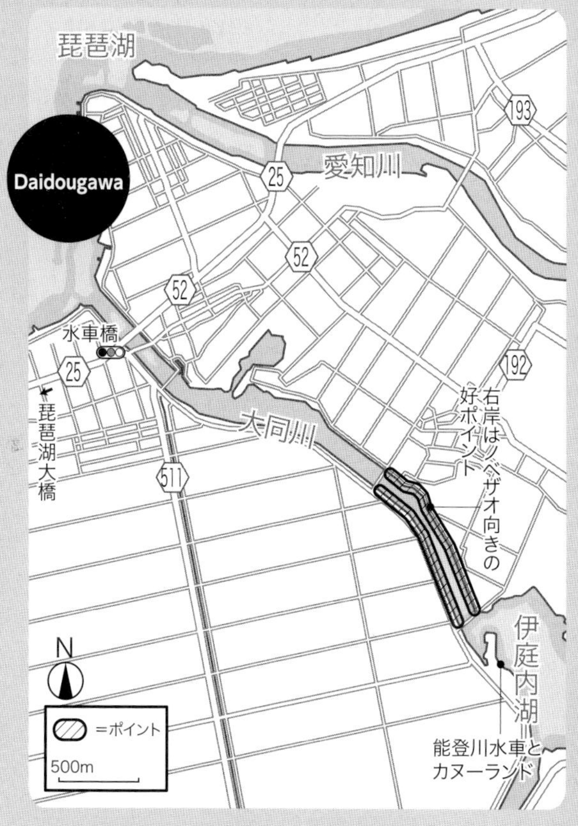

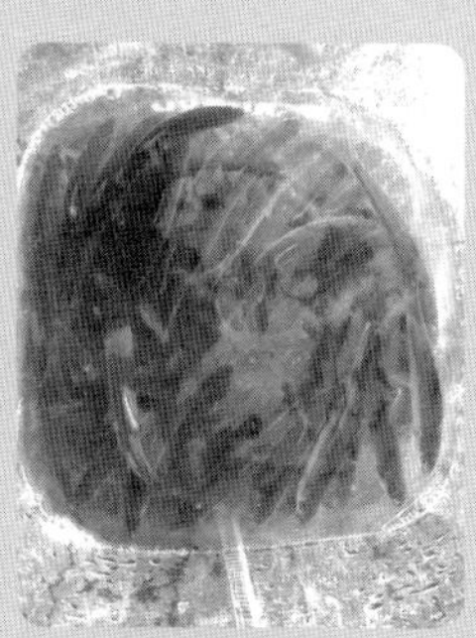
素焼きや甘露煮が美味しいホンモロコ

道路脇の駐車は特にマナーに気をつけたい

盛期になるとアシ際を回遊するのでノベザオがよい

シーズン初期はホンモロコが沖を回遊するのでリールザオがおすすめ

釣りのできるスペースは限られている。1人でたくさんの場所を独占せず譲り合いの精神で…

滋賀県東近江市

伊庭内湖

ホンモロコ、カネヒラ

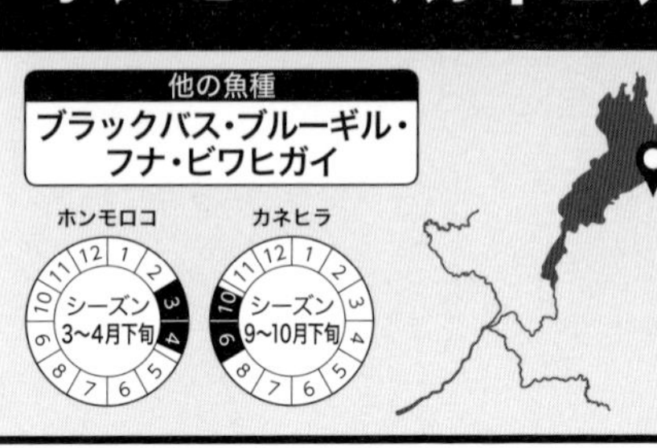

チョイ投げ&ウキ釣り二刀流

伊庭内湖は湖東を代表するホンモロコ釣りのポイントで、シーズン中は多くの人が訪れる。トラブルのないようにマナーを守って釣りを楽しみたい。内湖なので本湖が荒れた時にもとても釣りやすい。注意点としては、4月1日から5月末まで、伊庭内湖に流れ込む瓜生川・躰光寺川が水産動物採捕禁止区域になっている。

また、9〜10月下旬はカネヒラのポイントとしても人気がある。伊庭内湖や近辺の水路にカネヒラが入って来る。水路に合わせた長さのサオ（2m前後がおすすめ）と市販のタナゴ仕掛けで釣ろう。エサは黄身練り、グルテン、アカムシ。思いがけない大型のカネヒラが顔を見せてくれるかもしれない。

伊庭内湖には、西の湖と同じくレンタルボート店がある（伊関貸船）。またルアーショップ「セブンパームス能登川店」もあり、釣り情報の発信基地になっている。「能登川水車とカヌーランド」の中に入っているので駐車場・トイレも整備されており、家族連れにもおすすめだ。

ホンモロコの釣り場は比較的足場が悪く、足元は長靴がおすすめ。ホンモロコ釣りは、チョイ投げとウキ釣りの二刀流。足元を釣るポイントではないので、ウキ釣りの場合は4・5〜5・4mザオがよい。仕掛けは市販の小もの釣り仕掛けに、トウガラシウキをセットする。エサはアカムシかサシ。

水深は比較的浅いので、底スレスレにタナを取りねらってみよう。手前のオダやヨシの際に魚の通り道があると思われる。枝に引っ掛からないように注意しながらぎりぎりをねらうと、アタリが連発する。ホンモロコは単独で泳いでいる魚ではなく、大きな群れで回遊していることが多いので、アタリが出るまで辛抱強く待つのも釣果アップにつながるポイントだ。アタリが出だすと思いがけない釣果になるかもしれない。また早朝・夕方に食いが立つので、自分に合った時間帯を見つけて釣りに行くのがよいだろう。

子供連れや初心者には、ウキ釣りよりもチョイ投げで広範囲を探るのがよい。市販のホンモロコ専用チョイ投げ仕掛けや、ワカサギ仕掛けを短く切って使う。エサは同じくアカムシ、サシ。根掛かりに気を付けて投げ込み、そっとアタリを待ってみよう。

ACCESS

クルマ

県道25号さざなみ街道を北へ進み、水車橋交差点（P27大同川地図参照）を能登川水車とカヌーランド方面に右折。

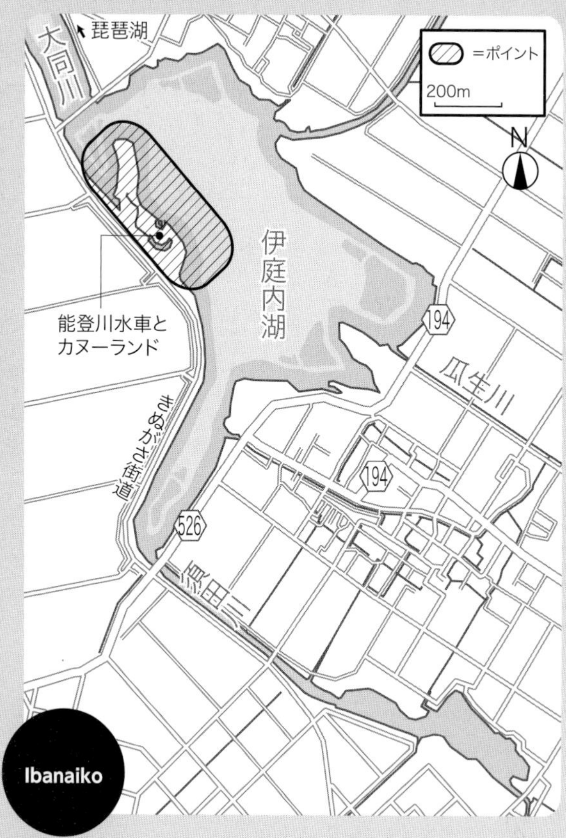

能登川水車とカヌーランドは駐車場、釣具店、トイレなど各種施設が充実している

婚姻色がきれいなビワヒガイのオス

伊庭内湖には多くの水路が流れ込む

15cm クラスのジャンボなホンモロコにも出会える

滋賀県東近江市

須田川

ホンモロコ

伊庭内湖に流れ込む須田川は、同湖から流れ出す大同川とともにホンモロコ釣り場として有名で、シーズンになれば多くの人が訪れる。下流部の大同川よりは釣り始めが若干遅く、3月中旬以降がよい。川幅は20～30mあるが、水深は流心部でも比較的浅く約1m。川岸はヨシ、柳の木などが多く、ホンモロコの絶好の産卵場所になっている。

下流部の大同川ほどは川幅がないので、シーズンはじめからノベザオで釣りになる。初期は流心部をねらうため、5・4～6・3mの長ザオを使うとよい。仕掛けは標準的なウキ釣り仕掛けで、エサはアカムシ。そして底を少し切ったタナをねらう。流れの方向は一定せず変化するので、仕掛けをナチュラルに流すことを心がけたい。

地元の常連も多い人気スポット

3月下旬ともなると、より産卵を意識した群れが、岸際のアシや柳の木の陰に寄ってくる。このころには3～3・6mの短ザオでも充分だ。また、タナを幅広く探る意味からも、1本バリよりも2本バリにして段差を20㎝程度つけるとよいだろう。ただし、慣れないとハリス絡みも起きやすいので、上バリのハリスは長くても10㎝程度にすることをおすすめする。ハリスがキンクするとハリス切れなどの原因になるので、こまめにチェックが必要だ。

ホンモロコはウキが消し込むようなアタリは出ないことが多い。ゆっくりウキが沈んでいく感じで、早アワセは禁物。少し待って合わせるとよい。また、ウキで誘うのも効果的で、アカムシがナチュラルに動く時などに反応する。アタリをただじっと待つのではなく、何度も仕掛けを投入するとアタリも釣果も上がる。

大人気のポイントなので地元の釣り人も多く、早朝からの場所取りも激しい。駐車マナーには注意して、釣り場もお互いに譲り合うようにしたい。最近、ゴミも目立つので必ず持ち帰るようにしたい。釣り場があってこその釣りである。

ACCESS

クルマ

県道25号さざなみ街道を北へ進み、水車橋交差点を能登川水車とカヌーランド方面に右折。

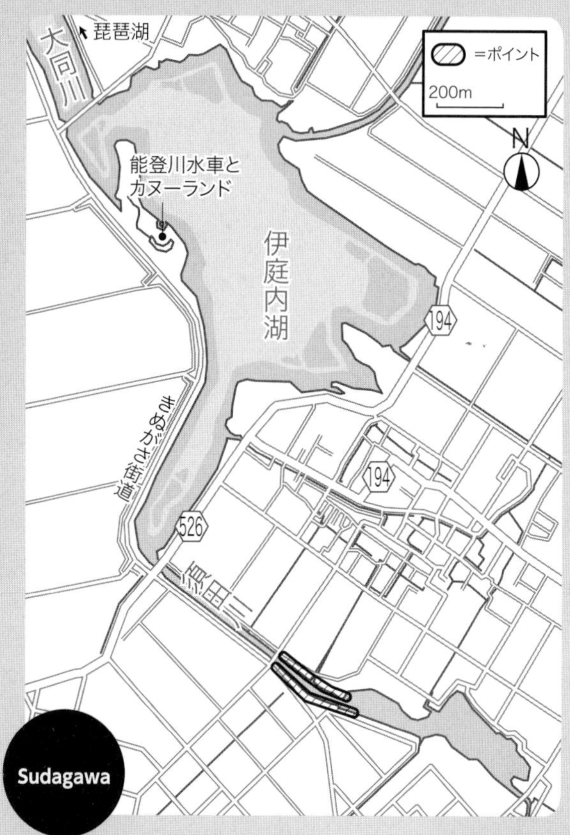

Sudagawa

川幅は意外に広いので広範囲を探れる長ザオが有利

イスに座ってのんびり楽しめるのがいい

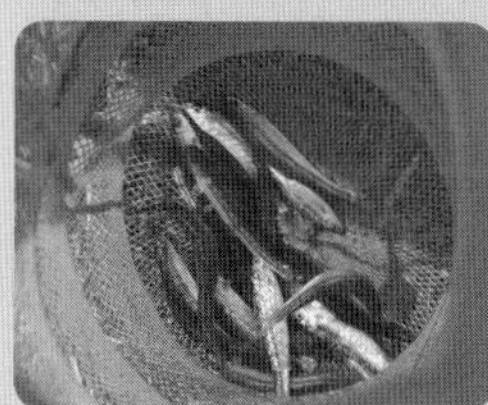

琵琶湖の春の風物詩、ホンモロコ。食味も最高なのでビクに入れて生かしたまま持ち帰りたい

ホンモロコの釣れるサイズは時期によってもまちまち

滋賀県近江八幡市

西の湖

コイ

琵琶湖最大の内湖でコイねらい

西の湖は数ある琵琶湖の内湖の中でも最大の面積である。周辺はヨシに覆われており、岸釣りができるポイントは広さのわりに限られている。比較的穏やかな湖で、本湖が荒れた場合でもサオをだせるのがよい。

ここは昔からブラックバスの好ポイントとして知られ、レンタルボート店も充実している。本格的にバスフィッシングを楽しむのであれば、ボートを借りるとよい。レンタルボートのトム・ソーヤにはマイボートを降ろすためのスロープもあるので、マイボートの方にもおすすめ。

西の湖には多くのエリや真珠棚などがあり、進入禁止エリアやキャスト禁止エリアが設定されている。釣りの際は事前にレンタルボート店のHPなどで確認しておきたい。また、ラムサール条約湿地登録エリアにも追加された内湖であることから、ヨシが生育しているエリアは立ち入り禁止の場合があるのでこちらも注意が必要。

釣りもので特におすすめはコイ。コイは乗っ込みが始まる4～5月ごろ、足場のよいポイントを捜して、吸い込み釣りでねらうと思いがけない大型がサオを曲げてくれるだろう。

サオは2、3本用意したほうが広範囲に探ることができるので効率的である。仕掛けは市販の吸い込み仕掛け、エサも市販の練りエサでOK。練りエサが溶けてなくなる前に仕掛けを回収して、何度も何度も仕掛けを投入してコイを寄せよう。

比較的岸釣りのポイントが限られているため、人が少なく、のんびりと釣りを楽しめる。家族連れで来られる場合は、コイ釣りの合間にルアーフィッシングやノベザオでブラックバスやブルーギルをねらってみるのも面白いだろう。

織田信長の居城、安土城跡の近くにある西の湖は、年間を通じて遊覧船などもあり、近くの近江八幡などで水郷巡りもおすすめだ。

ACCESS

クルマ

県道559、26、25号さざなみ街道を近江八幡市方面へ。

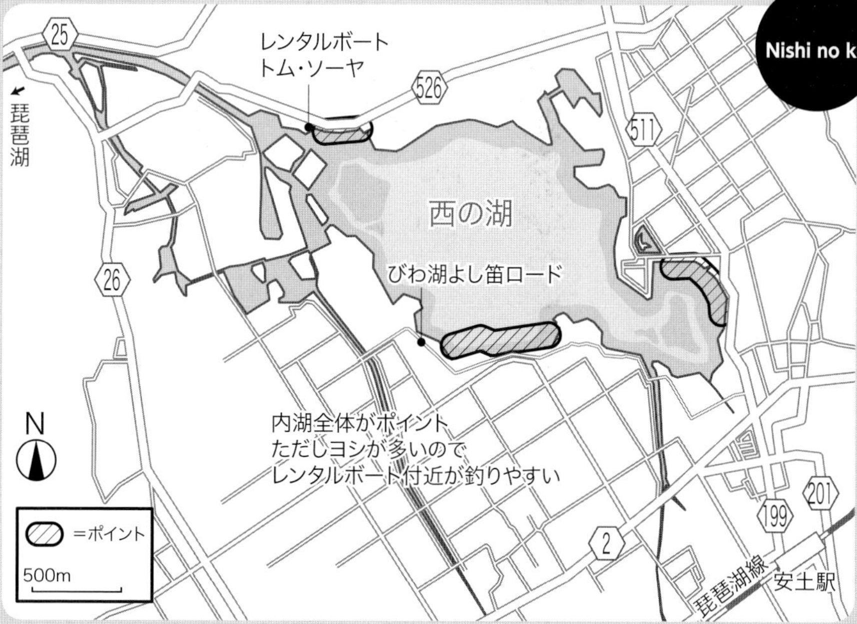

Nishi no ko

25
526
511
26
2
199
201

琵琶湖

レンタルボート
トム・ソーヤ

西の湖

びわ湖よし笛ロード

内湖全体がポイント
ただしヨシが多いので
レンタルボート付近が釣りやすい

N

=ポイント

500m

琵琶湖線

安土駅

琵琶湖最大の内湖である西の湖。周りは素晴らしい水郷地帯が広がる

西の湖はブラックバスの釣り場として有名だが、素晴らしい型のコイにも出会える

広い釣り場だけにレンタルボートを利用するのもよいだろう

滋賀県近江八幡市

長命寺川・北津田大橋上流左岸

ホンモロコ

他の魚種
マブナ・ヘラブナ・ブラックバス・ブルーギル・ビワヒガイ
ホンモロコ
シーズン 3月下旬〜4月下旬
ヘラブナ
シーズン 通年

西の湖から琵琶湖に流れ込む長命寺川。水郷めぐりの琵琶湖観光では大変有名である。春は花見、秋は紅葉で多くの観光客が訪れる。釣り場としては川幅が広く水深もあり、多彩な琵琶湖淡水魚が棲む、湖東を代表する一級釣り場だ。

特におすすめなのがホンモロコ。桜の咲くころから連休までがハイシーズンで、休日ともなると、等間隔でホンモロコねらいの釣り人が並ぶ光景は琵琶湖の風物詩ともいえるだろう。ゆえに釣り人も多く、近隣住民とのトラブルもあるので車の停め方やゴミなどのマナーはしっかり守って釣りをしよう。

水郷巡りの観光地としても有名

釣り方は、チョイ投げとウキ釣りの二刀流がよい。チョイ投げは6フィートくらいの柔らかめのスピニングタックルがあれば充分である。7〜10gのオモリが投げられるものがよいだろう。仕掛けだが、最近はホンモロコ用投げ仕掛けが市販されているのでそれを使えばよい。ワカサギ仕掛けを3〜4本バリにカットして使っても問題ない。エサはアカムシかサシ。

サオを2本くらいだして、遠近に広く探るとよい。また、三脚タイプのサオ受けを利用するとアタリが分かりやすいのでおすすめだ。アタリがあればすぐに軽く合わせ、一定のスピードで巻き上げてくれば確実に取り込むことができる。群れが入ってくると連続でアタリが出る。時合を逃さず集中的に釣れば数も伸びるだろう。朝イチと夕マヅメがベストの時間帯である。

ウキ釣りの場合は、足場が少し高いので長めのサオが有利。5・4m前後のサオで広範囲に探れば釣果アップにつながる。地元の人は3本ほどサオを扇形にだして釣っている強者もいる。仕掛けはトウガラシウキを使い、タナは底より少し上げてスレスレをねらうとよい。川自体に流れがないので、そのぶんタナ取りは正確に。アタリは明確にあるので素早く合わせよう。

午後から夕方にかけては地元の人が帰り始めるので意外とねらいめだったりする。

最後に、ホンモロコとは、コイ科タモロコ属の琵琶湖固有種。現地では高級魚扱いされており、素焼きやてんぷらなどで出てくるお店も多い。

ACCESS

クルマ
県道559、26、25号さざなみ街道を近江八幡市方面へ。駐車場はないので駐車マナーには充分に注意が必要。

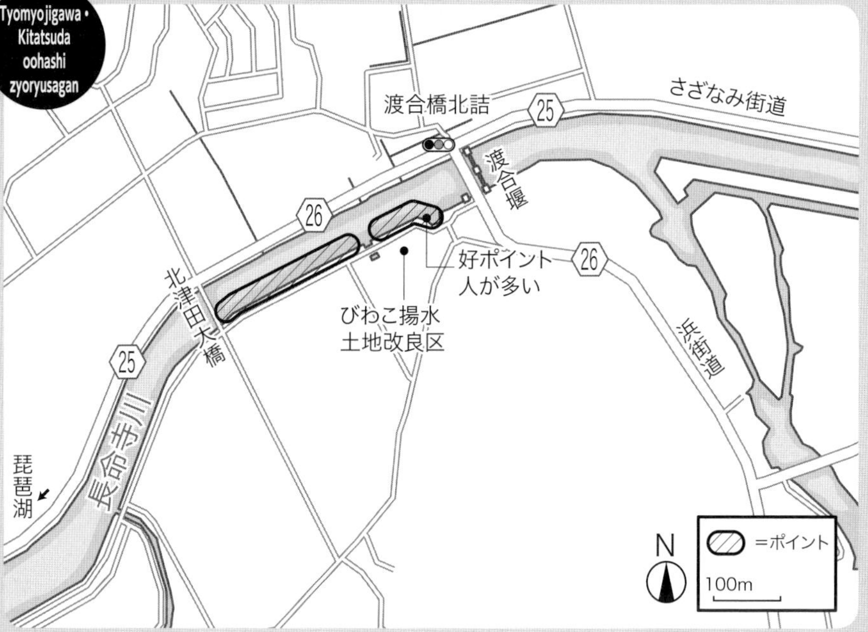

Tyomyojigawa・Kitatsuda oohashi zyoryusagan

さざなみ街道
渡合橋北詰
25
渡合堰
26
好ポイント
人が多い
26
北津田大橋
びわこ揚水
土地改良区
25
浜街道
長命寺川
琵琶湖
N
=ポイント
100m

護岸のワンドは１級ポイント

シーズンになると渡合橋
左岸下流は大人気

足場は全体によい

15cm クラスの大型ホンモロコ

滋賀県近江八幡市

近江運動公園裏・津田干

ヘラブナ・ホンモロコ

他の魚種
マブナ・コイ

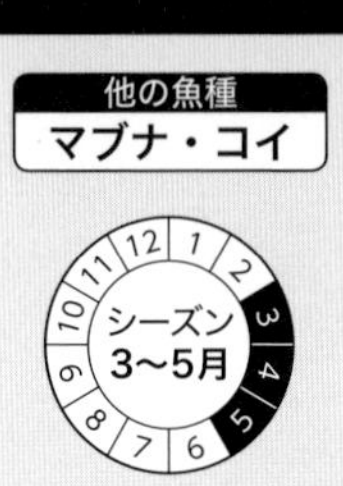

長命寺川から分かれて琵琶湖本湖につながる短いこの川は、津田干(つだかん)と呼ばれ、ヘラブナの乗っ込み釣り場として知られる。本湖から200mほど入った所で二股に分かれ、道路の対岸側はヨシが密生し、ヘラブナ、マブナ、コイなどの絶好の産卵場となっている。川幅は本湖に近い所は約15mで水深は1・5m。上流に向かうほど川幅は狭くなり、特にヨシが密生しているポイントは水深も30〜40㎝と浅い。

サオは下流部で18尺、対岸をねらう場合は比較的長めのサオを使用する。左側の流れは川幅も狭く水深も浅いため、12尺程度の短いものを使うとよい。仕掛けは、時には50㎝クラスの大型ヘラブナも釣れることもあるのと、ヨシ際の釣りとなるため、ミチイト、ハリスともに太めを使うほうがよいだろう。

50㎝クラスの巨ベラも!

ヨシの多いポイントはホンモロコの産卵場にもなる。時期としては3月中旬以降4月いっぱいまでがねらいめ。ホンモロコは、シーズン当初は流心部を釣るので、5・4m以上の長ザオを使うとよい。仕掛けは標準的なウキ釣り仕掛けを使い、エサはアカムシ。まずは底を少し切ったタナをねらう。またタナを幅広く探る意味からも、1本バリよりも2本バリにして段差を20㎝程度つけるのもよいだろう。ただし、慣れないとハリス絡みも起きやすいので、上バリのハリスは長くても10㎝程度にすることをおすすめする。

ホンモロコは群れで動くので、回遊を辛抱強く待つことが重要だ。一度当たりだすと入れ食い状態になることがある。そうなると手返しのよい1本バリのほうがいい。

右岸側は道幅が広くクルマの横付けが可能だが、大型トラックが通ることもあるので気をつけたい。

津田干は周りに長命寺川など有名な釣り場が多く、そちらが混雑している時にはおすすめの穴場的な存在。一日のんびりと楽しむのがよいだろう。

ACCESS

クルマ

県道559、26号さざなみ街道を近江八幡方面へ。近江八幡運動公園を目差す。

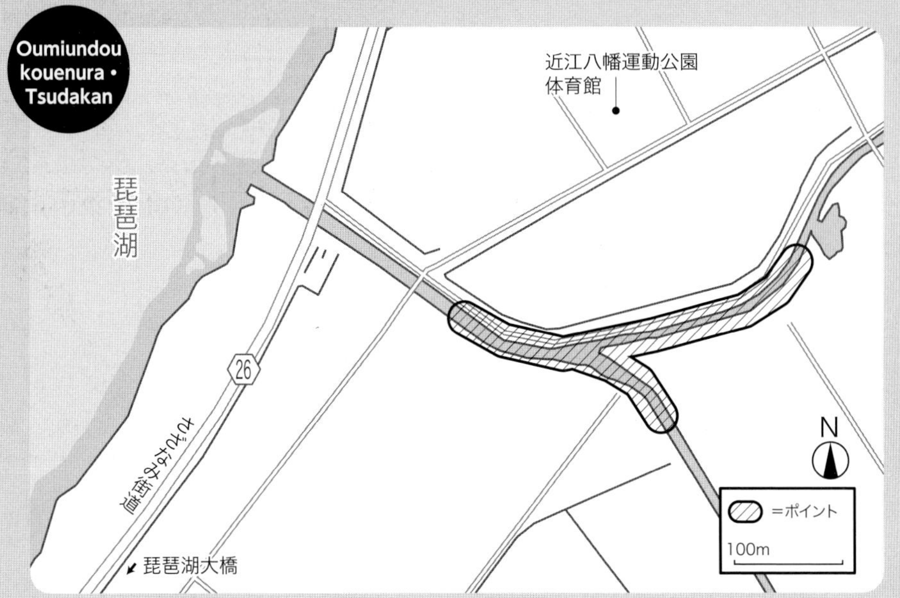

意外に穴場的な存在でもあり、両岸からのんびり釣りを楽しめる

二股に分かれる辺りも好ポイント。左側は狭く水深が浅いため、乗っ込み期のポイント

水路脇の駐車はマナー厳守で

滋賀県東近江市

つりぼりトム・ソーヤ

屋外＝ヘラブナ、タナゴ
屋内＝金魚、コイ、
時期によってテナガエビなど

滋賀県東近江市の「つりぼりトム・ソーヤ」は、名神高速道路八日市ICから約3分の場所に位置する全天候型の有料釣り場だ。

ヘラブナ釣りは地元以外からも多くの人が訪れ、魚影も多い。初心者の人でも手ぶらで楽しめる「手ぶらパックプラン」があり、1、2、3時間、1日と都合で選べるのもうれしい。休日は、ドライブや観光の途中で釣りを楽しむ家族の姿も多く見られる。最大40㎝クラスの大型も入っており、強烈な引きが楽しめる。椅子やパラソルなど快適グッズの無料貸し出しもあり、子供や女性はもちろん、家族でのんびり楽しみたい方にもおすすめできる。

人気の有料釣り場

初心者やファミリーの方に特におすすめなのは室内釣り堀で、金魚釣りは親御さんのサポートがあれば未就学生でも楽しめる。また金魚釣りは1時間でどれだけの数を釣れるかを競い、月間、年間ランキングなどによってさまざまな賞品が用意されている。1時間で209尾を釣りあげ最高記録をマークしたツワモノもいるが、小学生低学年の子供でも平均30尾は釣ることが可能だ。リピーターも増え人気が高まってきているので、ぜひ家族でチャレンジしてもらいたい。

室内釣り堀では金魚のほか、きれいなコイも入っており、手軽に大きな魚を釣ることができるのも楽しい。また、スーパーボールすくいも常設されており、時期によってはシラサエビ釣り、タナゴ釣り、メダカすくいなど、ほかではなかなかない遊びができることもある。

タナゴ釣りは屋外に足場のよいタナゴ釣り専用のコーナーも設置されている。専用釣り具、エサの貸し出しもあり、手軽にタナゴ釣りを楽しむことができる。初めてタナゴ釣りをする人には最高の場所だ。タナゴ釣りで琵琶湖周辺を訪れる人は多いが、自然相手のことで思うように釣れない時もある。そのような時にここを訪れて楽しむのもよいだろう。

詳細は「つりぼりトム・ソーヤ」HPにて。http://www.heratom.com/

ACCESS

クルマ
名神高速・八日市ICから約3分。

電車
近江鉄道八日市駅から近江鉄道バス1番乗り場より御園線・永源寺車庫行で今代バス亭下車（バス乗車時間約20分）。

定休日
火曜日（祝祭日は営業）

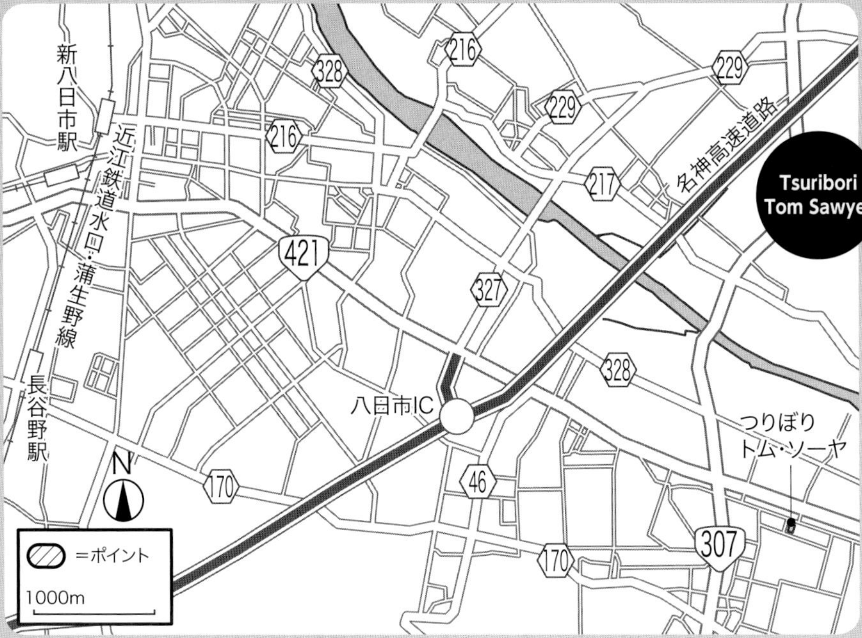

新八日市駅
近江鉄道水口・蒲生野線
長谷野駅
名神高速道路
八日市IC
つりぼり
トム・ソーヤ
Tsuribori Tom Sawyer
216
328
229
217
421
327
170
46
307
N
=ポイント
1000m

手ぶらで来てもヘラブナ釣りが楽しめる

タナゴ釣り用のレンタルロッドもある

屋内の金魚釣りも人気

地元以外からのお客さんも多い人気の施設

屋外タナゴ釣り場。足場がよく家族連れにもおすすめ。コンディションのよいタイリクバラタナゴに出会える

滋賀県野洲市

野洲川・近江富士大橋下流

コアユ・ニゴイ

琵琶湖に流入する河川では最長となる野洲(やす)川。上流には野洲川ダム、青土ダムが控える。

今回紹介する釣り場の堰堤上下は立入禁止になっているので注意しよう(下はブロック部まで立入禁止)。立入禁止のエリアは、バーベキュー後のゴミ問題などの影響ではないかと思われる。こういった場所を減らすためにもマナーを守って釣りを楽しみたい。

クルマで行く場合は、堰堤下左岸側に広めの駐車スペースがあるが、地元の人の迷惑にならないように駐車しよう。

両岸からねらえる開けた釣り場

サオは3・9〜5・1mがよい。仕掛けは市販のコアユ仕掛けでOK。エサはしらすダンゴ。ここは流れが速いのでオモリは重めを使用するのがよい。2号以上あれば充分だろう。しらすダンゴを仕掛けのラセンに付けて、上流から下流に流すイメージで釣ってみるとよい。

また、瀬をスプーンやミノーでねらうと、ニゴイやハス(ケタバス)を釣ることもできる。ルアーでも流れを考慮してスプーンは5g以上、ミノーは7cm前後がおすすめ。サオは6フィート前後のスピニングロッドがよい。ラインは4〜6lb。

瀬は全体にひざくらいの水深であまり大きな石もないザラ瀬で、そこにルアーを斜め上流にキャストし、流れのスピードに応じてルアーを引いてくる。これの繰り返しである。ちょっとしたカーブのヨレなど、流れの変化があるところを丹念に探ってみよう。魚が肉眼でも確認できるので、そっと近づいてサイトフィッシングするのが楽しい。

また、このあたりはニゴイのパラダイスになっており、とりあえずルアーで大ものを何か1尾釣ってみたい人には超おすすめ。流れにいるニゴイはヒットすると驚くほどの引きでファイトするので、大興奮間違いなし。

ACCESS

クルマ

大津から県道42、2号等で野洲方面。野洲川を渡る近江富士大橋の手前を左折。

電車

JR琵琶湖線野洲駅から徒歩20分。

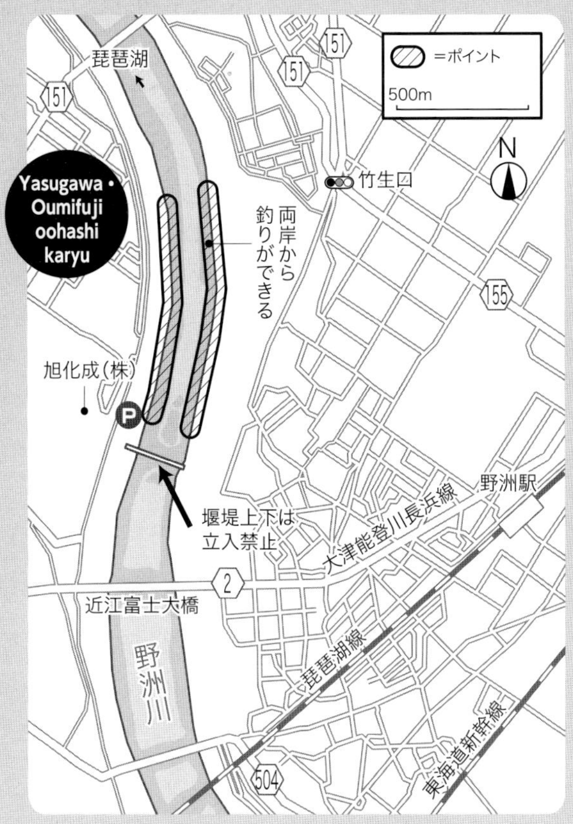

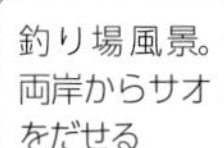

堰堤からブロックの部分までは立入禁止なので注意

堰堤下流は穏やかなザラ瀬が続く

コアユといってもこのクラスがねらえる

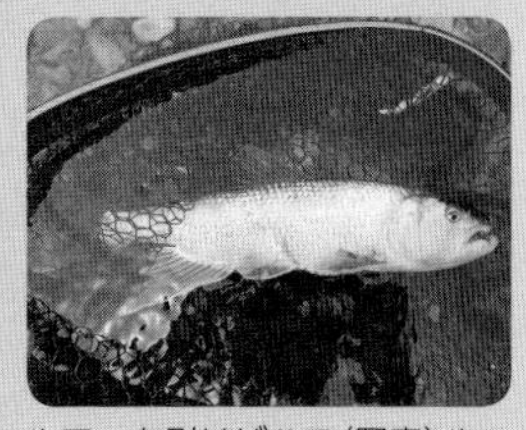
ルアーを引けばハス(写真)やニゴイが果敢にアタックしてくる

滋賀県高島市

知内川・マキノグラウンド前

コアユ

他の魚種
ハス（ケタバス）・ウグイ・ニゴイ

シーズン
4月下旬〜8月

滋賀県高島市マキノ町を流れる知内（ちない）川は、国境スキーパーク付近を源流とし、同町で琵琶湖に流れ込む一級河川だ。マキノ町は奥琵琶湖の入口の町で、周辺には桜の回廊で有名な梅津大崎などの観光地も多い。駐車場はないので川沿いの土手道に駐車することになるが、くれぐれも通行の妨げにならないように配慮しよう。

河口はハスやブラックバスの有名なポイント。また、知内川はヤナが設置されている時期があり、採捕禁止区域があるので、釣行前に滋賀県保護水面禁止区域・禁止期間の確認が必要である。

半日で数百尾も夢ではない

川幅は狭いが水流があるので、4m前後のサオが扱いやすい。水深が浅く瀬も多い流れでは、椅子を川の中に置き、腰を据えてコアユ釣りを楽しんでいる人の姿をよく見かける。これは知内川独特の釣りスタイルだ。

コアユ釣りは、ポイントの瀬を丹念に上流から下流へ仕掛けを打ち込む。しらすダンゴをつけたラセン仕掛けを投入するとコアユが寄ってくる。投入を繰り返すごとにコアユの活性も上がり、やがてどとうの入れ食いが続く。半日で数百尾という釣果も夢ではない。

しかし、初心者はハリの数が多いとトラブルもあるので、最初は少なめにするとよい。一度に何尾も釣ろうと欲張ると、意外とバレたりする。またコアユ釣りには専用のビクがあると手返しもよくなるのでおすすめしたい（県内の釣具店で販売している）。

一雨ごとに成長するアユは、20㎝近い個体が混じることもあり、友釣りなみの興奮を味わえる。釣ったばかりのアユの匂いはスイカのそれにたとえられ、香魚と呼ばれる。知内川は水質も非常によく、夏には子供連れで川遊びを兼ねて行くのも面白いだろう。ただし前記したとおり、流れが速いので子供には必ずライフジャケットを着用させ、目の届く範囲で遊ばせること。

釣りたてのコアユは絶品で、持ち帰って天ぷらや空揚げにして食べるととてもおいしい。少し面倒でも頭とはらわたを出したほうが子供たちには食べやすくなり、喜ばれるだろう。

最後に、奥琵琶湖周辺には雰囲気のよいキャンプ場も多くあるので、夏休みの旅行などには最適なエリアだ。

ACCESS

クルマ
大津からR161を北上しR303でマキノ町へ。現地の駐車はマナーに注意。

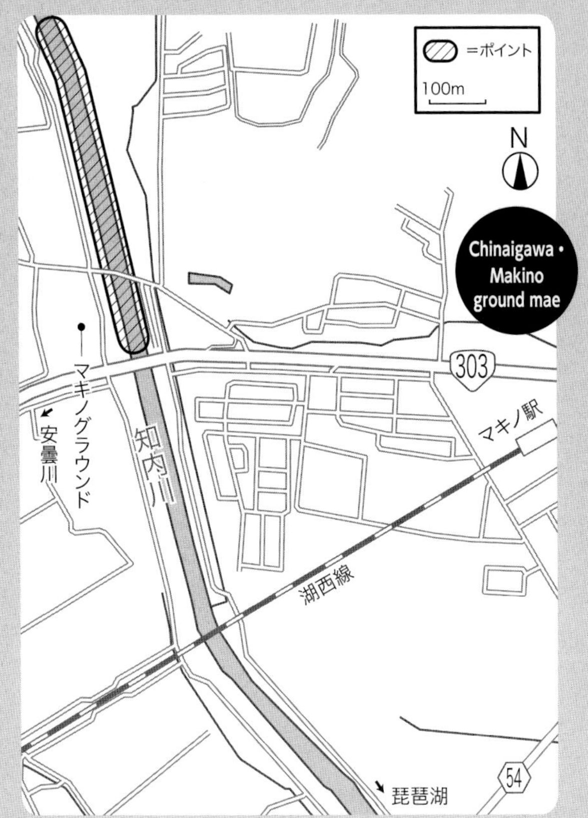

雨が降り水が出ると瀬の中にコアユが入る

空揚げに天ぷらと初夏の味覚を堪能できる

少し流れが緩いポイントにコアユが溜まる

小さい堰堤の下流はねらいめ

初心者でもコツをつかめばご覧の釣果

滋賀県高島市

貫川内湖

カネヒラ

貫川（ぬけがわ）内湖には北湖と南湖があり、北湖は比較的浅く、南湖は深くなっている。釣り場としては南湖のほうがメインとなる。カネヒラをねらう時は琵琶湖側のほうがよいだろう。反対側はヘラブナのポイントとなっており、たくさんのヘラブナ釣りファンがサオをだしている。

釣り場は足場がよく、トイレも設置されている。外周にもところどころに駐車スペースがあるので車釣行も安心だ。ここのメインターゲットは

お盆明けからがハイシーズン

カネヒラである。タナゴ類の中でも秋に産卵するカネヒラは、8月のお盆を過ぎたくらいから9月にかけて婚姻色が出始める。その頃になると美しいオスのカネヒラを釣ることができる。

足もとから少し離れた所に仕掛けを投入するのがよく、タナゴには少し長めの2mクラスのサオを使うのがおすすめだ。仕掛けは市販のタナゴ仕掛けで充分。エサはタナゴグルテンやアカムシを使おう。

回遊待ちの釣りとなるので、1箇所に腰を据えてじっくりアタリを待とう。エサを取られるのにアタリが分からない時は、ウキのバランスを調整すること。一番よいバランスは、水面下ぎりぎりで漂うセロバランスで小さいアタリも見逃さない。ただ、釣り場で調整すると大変なので、自宅のお風呂などで事前に調整しておくとよいだろう。

底スレスレをねらうのでタナ取りはしっかりしよう。カネヒラの回遊に当たると、数尾連続で釣れることがある。またタナゴ以外の小魚もいろいろと釣れるので淡水五目釣りが楽しめる。

釣ったカネヒラは、アクリルケースなどに入れて観察・撮影しても楽しい。鮮やかなグリーンメタリックの婚姻色が出たカネヒラのオスに、惚れ惚れすることまちがいなし。最後に、この釣り場では地元の人がカネヒラをとても大切にしている。できればその点にも留意して釣りを楽しんでもらえれば幸いである。

ACCESS

クルマ

大津からR161を北上、響庭交差点を右折して県道558号、333号、54号風車街道を近江今津方面に進む。北湖側に駐車場あり。

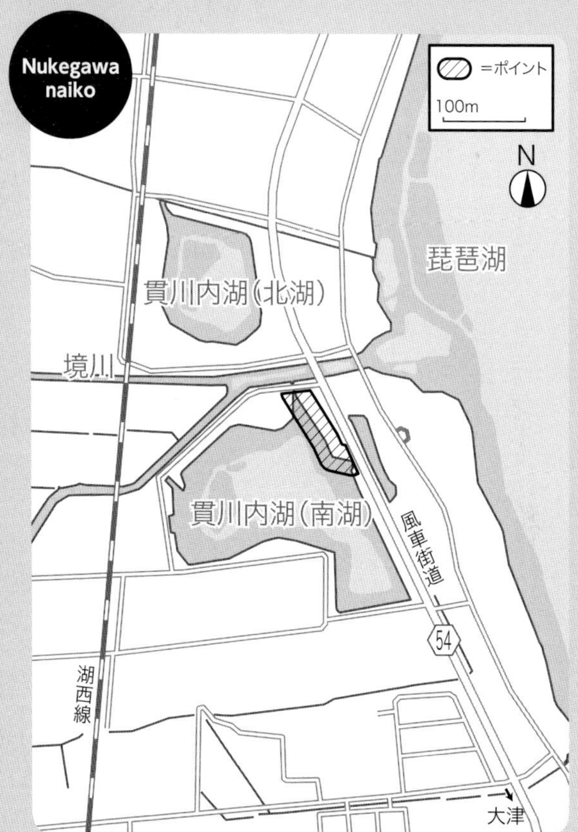

釣り場は足場がよく駐車場やトイレもあって釣りやすい

カネヒラ以外にもさまざまな魚が生息している

体高のある魚体が特徴のカネヒラ

オスは8月に入ると婚姻色が出てくる

滋賀県高島市

湖西湖岸・今津周遊基地前

コアユ

今津周遊基地は、駐車場もトイレも設置されており、周辺にもお店が多いのでいろいろと便利である。北側には石田川河口もある。

駐車場前の浜一帯がポイントで、特に両サイドに流れ込んでいる2本の小川はコアユの一級ポイント。早春から晩夏にかけて、たくさんのコアユファンが訪れる。

ウグイやニゴイの回遊も多い。特にウグイの産卵時期は、浜の岸際で、婚姻色の出たウグイの産卵場面に遭遇できるかもしれない。

駐車場前の浜一帯がポイント

近江今津駅から近く、周辺にはショッピングモールなどの飲食できるエリアもあり、とにかく家族連れにはおすすめのポイントである。浜は足場もよく、水温が上がれば水の中に入ってコアユをねらうこともできる。

休日は昼夜を問わず人が多いので（また湖西道路が非常に混むので）、できれば早めの釣行がおすすめだ。コアユは浜からねらうかたちになるが、手前でもわりと水深があるので無理して立ち込む必要はない。3・6m以上の長めのノベザオに、市販のコアユ仕掛け、エサはしらすダンゴでOK。

釣り方は、カケアガリに回遊してくるコアユを待つのだが、釣果を上げるポイントは、何度も仕掛けを打ち込み、しらすダンゴでコアユの群れを寄せることが重要。

また、コアユのシーズンが始まると同時に浜の両サイドの小川ではハス（ケタバス）の遡上が見られるようになる。オスの婚姻色は夏の琵琶湖を代表する色で、この色に魅せられて県外から多くの釣り人が来る。ハスはコイ科のなかでは珍しいフィッシュイーターなので、ぜひルアーフィッシングでねらってみよう。サオは6フィート前後のトラウトロッドが使いやすい。ラインはPE0・4〜0・6号、リーダーはフロロ6ポンド。ルアーはスプーンを中心にミノーをローテーションするとよい。

川幅が狭いのでフライでハスをねらう人も見られる。水質がとてもよく、ハスの姿を見ながらエキサイティングなサイトフィッシングが可能だ。

ACCESS

クルマ

大津からR161を北上、響庭交差点を右折して県道558号、333号風祭街道を近江今津方面に進む。

電車

JR湖西線近江今津駅から徒歩約15分。駐車場、トイレなども充実している。

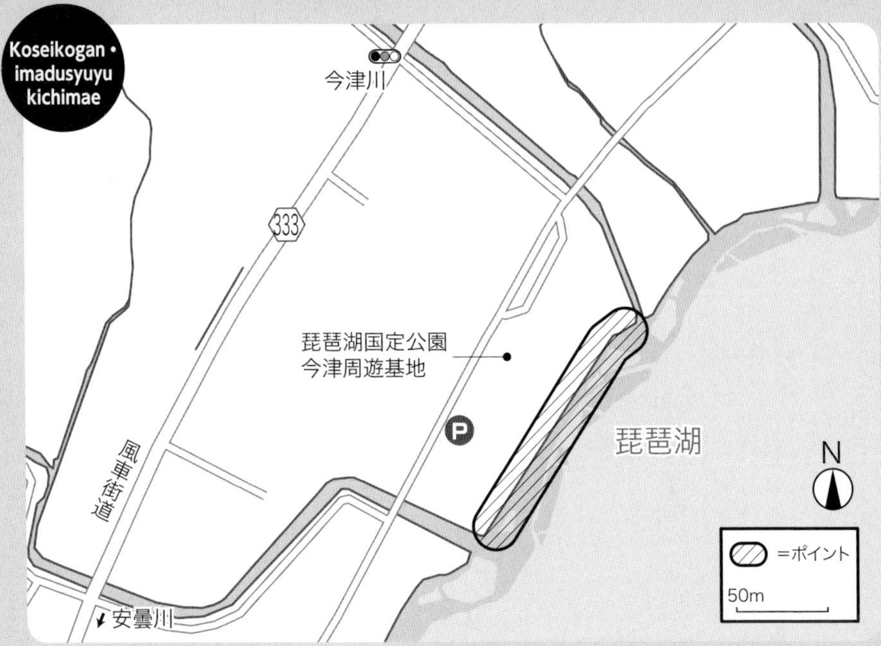

Koseikogan・imadusyuyu kichimae

今津川

333

琵琶湖国定公園
今津周遊基地

P

琵琶湖

風車街道

安曇川

N

=ポイント

50m

駐車場のすぐ近くに広大な砂浜が広がっている

両サイドの小川でも浜でもコアユが釣れる

小川の流れ込みもポイント

小川にハスの姿を見つけたらルアーフィッシングのチャンス

滋賀県高島市

エカイ沼

マブナ

他の魚種
ヘラブナ・ブラックバス・ブルーギル
シーズン
通年
（夏季を除く）

田園風景の真ん中にある、自然を満喫できる内湖である。池の周りには散策路があり、見晴台や駐車場、トイレもある。池の中央には休憩所と桟橋があり、右に船着き桟橋、左に釣り桟橋が作られている。

夏はリリーパッドにびっしり覆われ、ポイントがかなり限られてしまうので、エサ釣りのシーズンとしては春か秋が特におすすめである。自然豊かで静かな場所なので、休憩所でのんびりとお弁当でも食べながら過ごすのもいいかもしれない。

春と秋が楽しいマブナ釣り場

小もの釣りはマブナがメインになる。琵琶湖には3種類のフナが生息している。鮒ずしで有名なニゴロブナ、ゲンゴロウブナと品種改良したヘラブナ、全国的にマブナと呼ばれるギンブナ。今でもいろいろな呼び方があるのも面白く、ゲンゴロウブナのことをマブナと呼ぶこともある。

サオは3・6m以上のノベザオがよい。仕掛けは市販のフナもしくはウキ釣り仕掛け。エサはヘラブナなどに使う練りエサか、ミミズがおすすめ。ウキは、トウガラシウキや玉ウキでもよいが、マブナ専用のシモリ仕掛けがあればアタリも出やすく釣果もあがる。

ポイントは、アシ際や木の生い茂った周辺。ヘラブナ釣り場としても有名なので、時には大型のヘラブナがサオを曲げてくれるだろう。

池がリリーパッドに覆われる夏は、ブラックバスのフロッグゲームを楽しむのもアリだ。ベイトタックルでも特にカバーゲーム専用のパワーロッドの使用をおすすめする。バス専用のフロッグも多く市販されているので、エキサイティングなトップウオーターゲームが楽しめる。

周辺にはこのエカイ沼のような内湖が多くあり、一日かけて安曇川周辺のポイントを探索すると楽しいだろう。広大な田園風景のなかには、まだ誰もサオをだしたことがない釣り場が潜んでいるかもしれない。

ACCESS

クルマ
R161を近江高島方面へ。荻の浜口交差点から県道304号・風車街道を北上。現地に無料駐車場あり。

電車
JR安曇川駅からバスに乗り、南船木西口停留所で降りて徒歩約10分。

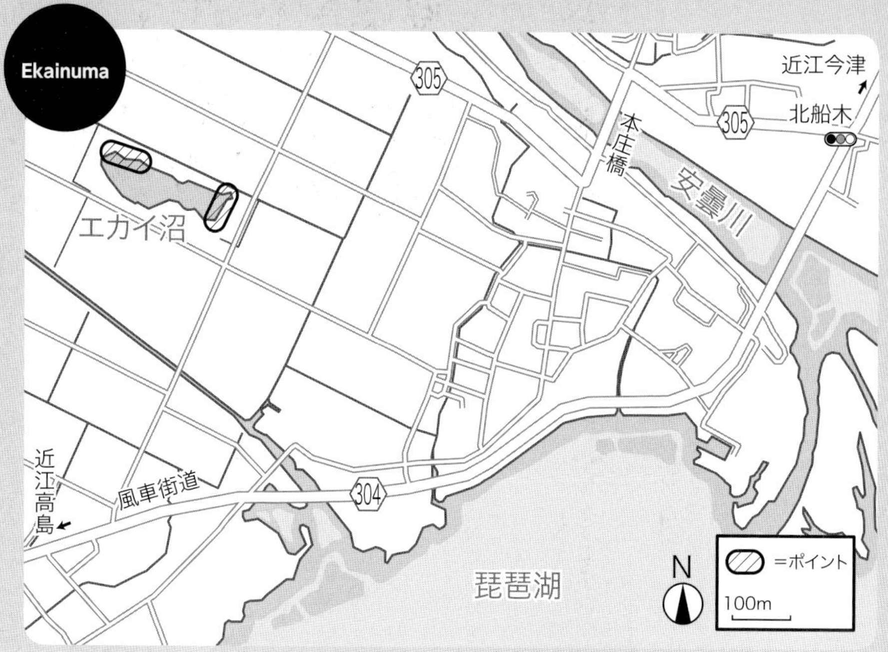

Ekainuma

305
近江今津
本庄橋
305
北船木
安曇川
エカイ沼
近江高島
風車街道
304
琵琶湖
N
=ポイント
100m

水面にカバーが生い茂る前の春と、枯れる秋が釣りやすい

足場もよいので家族で楽しめる

沼の周りには舗装された無料の駐車場も整備されている

滋賀県高島市

金丸川・金丸橋上流

マブナ、ホンモロコ

ここはヘラブナ釣りでは昔から有名なポイント。金丸川河口のワンドの岬に囲まれ、風の影響を受けにくい。河口は1～2mの水深。釣り場にはブッシュが多く、それらが小魚の隠れ家となり、マブナやホンモロコが集まる好ポイントを形成している。その割に釣り人は比較的少ない。湖西エリアの中でも早期からホンモロコが釣れだし、本湖に流れ込む周辺の河川でもホンモロコの遡上が多くある。

近くにアユの友釣りで有名な安曇川が流れているので、金丸川もアユの遡上があるのではないか？　と思われるが、こちらは水が濁っておりコアユが遡上するような場所ではなさそうだ。

一直線に伸びた水路を広範囲に探る

金丸橋近くは足場がよく、手前でも魚の姿が確認できる。水路が上流まで一直線に伸びているので、ポイントを広範囲に捜して釣るのがとても楽しい。3m前後のノベザオでも充分釣りになる。市販のホンモロコ仕掛けに、エサは練りエサよりもアカムシなどで探るとホンモロコの食いはよい。静かにアシ際をねらうと、ウキがゆっくり沈むホンモロコ特有のアタリがでる。ホンモロコは、タモロコに比べて食いが鋭くないので、アワセに少しコツがいる。少し待ってから合わせるとバラシが少ない。

底から少し離れたタナをねらうには、2段ハリスを使うと効果的だ。その際、上バリの長さは10㎝とし、下バリと長さの差を約20㎝つける。

また、今回はポイントとして記載していないが、ワンドの近くでサオをだす場合は、長ザオのほうがより多くのポイントを探れて便利である。金丸川本流とワンドの岬は、本湖が荒れた時や雨が降って増水した時などに魚が岸際に接岸してくるのでアシ際をねらうとよい。

最後に、この釣り場はバスフィッシングでもスポーニングエリアとして超有名で、本湖が荒れた時などはブラックバスがこの中に避難してくることもあり、タイミングで数釣りができる。

ACCESS

クルマ

R161を北上、近江高島駅を越えて萩の浜口交差点を右折、県道304号風車街道を北上。新金丸橋南詰交差点を左折で金丸橋へ。周辺には駐車スペースが少ないので注意。

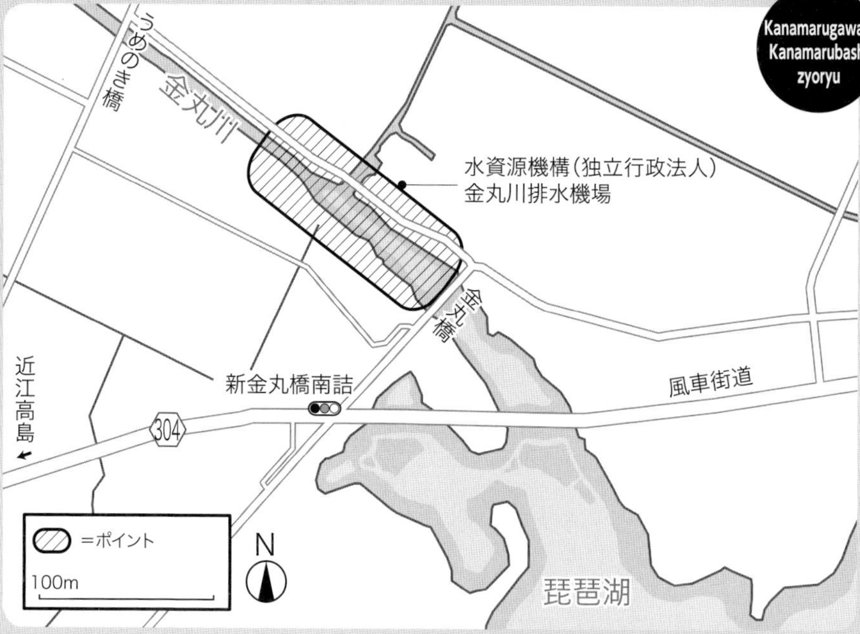

Kanamarugawa・Kanamarubashi zyoryu

うめのき橋
金丸川
水資源機構（独立行政法人）
金丸川排水機場
金丸橋
近江高島
新金丸橋南詰
風車街道
304
=ポイント
100m
N
琵琶湖

金丸橋付近は両岸がポイント

金丸川は湖西エリアを代表するホンモロコ釣り場でもある

水門から上流は足場のよい水路が伸びている

本湖が荒れた時は多くの魚が金丸川に入って来る

滋賀県高島市

松ノ木内湖・水門周辺

マブナ、ホンモロコ

松ノ木内湖は琵琶湖西岸の三角形に突き出した岬、船木崎にほど近い内湖である。周囲をヨシ原で囲まれ、水位は浅く、多くの植物や動物を育む。小さな内湖だが、秋から冬になるとマガモ、コガモなどの多くの水鳥が飛来する。まれにコハクチョウが羽を休める姿も見られる。背後には雄大な武奈ヶ岳が見える。

釣り場としては、内湖と琵琶湖を結ぶ水門付近がポイントとなる。内湖自体は釣り場が少ないため、琵琶湖とつながっている水路が一番のポイントだ。

松ノ木内湖の近くにはエカイ沼、五反田沼と呼ばれる2つの沼があり、こちらでも同様の魚がねらえるだろう。ただしこの辺りは農道が多く駐車スペースには注意してほしい。また集落も多いのでむやみに入らないように心がけたい。

シモリ仕掛けでマブナに期待

水門の付近は足場もよく、マブナ釣りが有名なのでかなり期待できる。ホンモロコの釣果もあがっている。筆者も過去にホンモロコを釣ったことがあるので、湖西エリアのホンモロコ釣り場を開拓したい人にはぜひおすすめのポイントである。

比較的本湖から近いので、本湖からの魚が入ってくることが多く、たくさんの魚の顔が見られる。なかにはあっと驚くような魚も釣れたりするのでとても楽しい。水路には多くの釣り人の姿が見られる。

マブナをねらう場合のサオは3・6m以上で、市販のフナ釣り仕掛け（ウキ釣り仕掛け）を組み合わせるが、専用のシモリ仕掛けにすると一段と感度もよく使いやすい。水路の水深は意外と深いのでまずはタナを取り、底付近をねらうのがよいだろう。シモリ仕掛け以外では、感度のいいトウガラシウキがおすすめだ。エサは練りエサ、ミミズ、アカムシがよい。

また、春、秋には松ノ木内湖に流れ込む水路で、ヤリタナゴをはじめさまざまな種類のタナゴ類が見られる。タナゴをねらう場合は、1・8m前後のタナゴザオに市販の連動シモリ仕掛けで、エサはタナゴ専用のグルテンか黄身練り。アタリが出るまでは大きめのグルテンを付けて何度も打ち返す。アタリが出始めたら黄身練りに変える。いろいろな小魚が釣れだしたらタナゴが釣れるチャンス。

最後に、松ノ木内湖の周辺の水路にはまだ未開拓のポイントがあると思われるので、探索するのも面白い。

ACCESS

クルマ

R161を北上し、近江高島駅を越えて萩の浜口交差点を右折、県道304号風車街道を北上する。駐車の際は注意が必要。

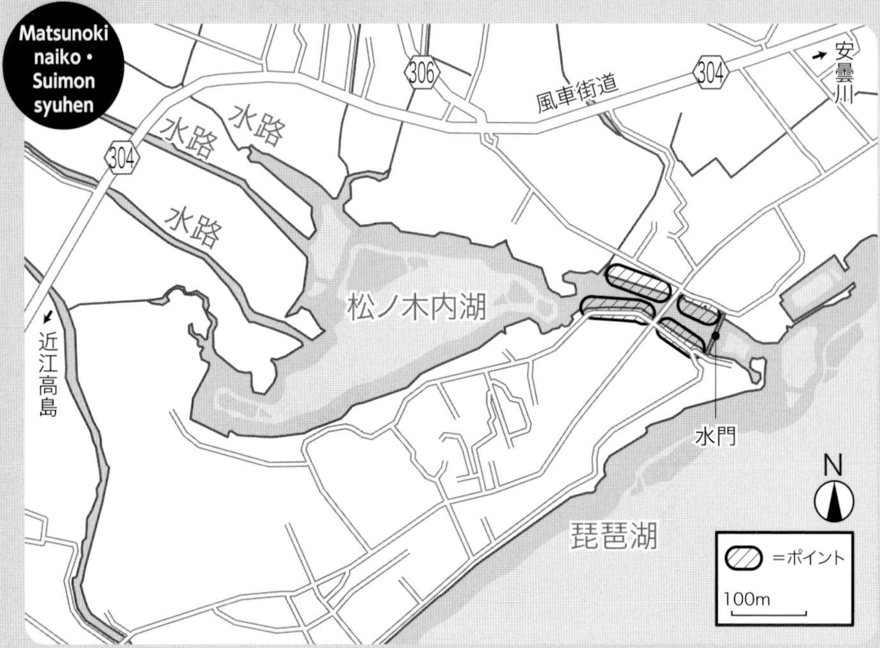

Matsunoki naiko • Suimon syuhen

306
304
風車街道
→ 安曇川
水路
水路
水路
304
松ノ木内湖
↙ 近江高島
水門
N
琵琶湖
=ポイント
100m

河口も探ってみると面白い

水深のある水門付近は絶好のポイント

大型のヤリタナゴにも出会える

左岸河口付近には駐車スペースがある

水門上流側、最下流の橋（堀川橋）のポイント

滋賀県高島市

鴨川・藤樹橋

コアユ

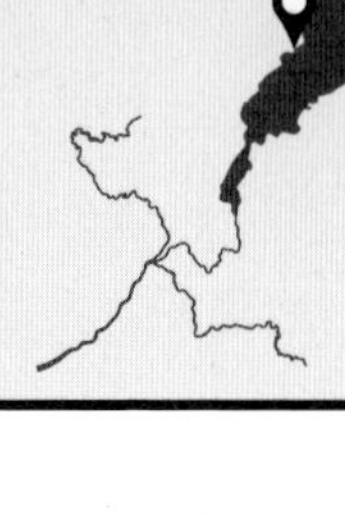

滋賀県高島市を流れ、琵琶湖に注ぐ鴨川。上流にはアマゴなどの渓流魚が棲み、源流部は名瀑「八淵の滝」の名勝地としても有名である。琵琶湖に注ぐまで15㎞という短い川であるが、源流は水質もよく、河口まで安定した水量と水質を誇る。近年は河口域の水深が浅くなり、多くの子供たちが川遊びや魚とりをしている姿がよく見られる。

ポイントは藤樹（とうじゅ）橋近辺の上流から下流にかけてで、コアユの群れを目視で捜しながらの釣りになる。浅い所もあれば深みもあり、よく観察すればどこからでもコアユの姿が確認できるだろう。

群れを目視で捜して釣る

市販のコアユ仕掛けのラセン部分にしらすダンゴをつけ、打ち込むのだが、比較的流れのあるポイントなので上流に打ち込み、川の流れに同調させながら下流に流していこう。これを何度か繰り返すうちにコアユの群れが集まり、アタリが出始める。何度もしらすダンゴを投入して、できるだけ群れをとどまらせることが釣果アップにつながる。また、初心者はハリ数を少なくしたほうがトラブルがなく手返しもよい。

コアユは、浅い場所よりは瀬や少し水深のある深みなどがポイントになりやすい。そういった場所で根気よく魚が集まるのを待とう。足元では釣りにくいので開けた河原を探すと釣りやすい。

また、コアユを追うニゴイの群れを見かけることも多く、その時はニゴイのルアーフィッシングも楽しめる。ニゴイは日本の固有種で、アユやヘラブナ釣りでは外道として扱われていたが、最近では専門にねらう人も増えている。普段はゆらゆらのんびり泳いでいるが、ルアーに果敢にアタックしてくる姿はとてもエキサイティング。ロッドはトラウト用の6～7フィートのスピニングタックル、ラインはフロロかナイロン8ポンド（もしくはPE0・4～0・6号＋リーダー6ポンド）。ルアーはケタバス同様、スプーン、スピナー、ミノーでねらうとよい。ニゴイは流れが速い所よりも緩い所に着く傾向がある。初めての淡水ルアーフィッシングにもおすすめだ。

ACCESS

クルマ

大津からR161を安曇川町方面へ。鴨川手前から県道306号を右折し1本目の橋が藤樹橋。

付近に駐車場がないので駐車には注意が必要。

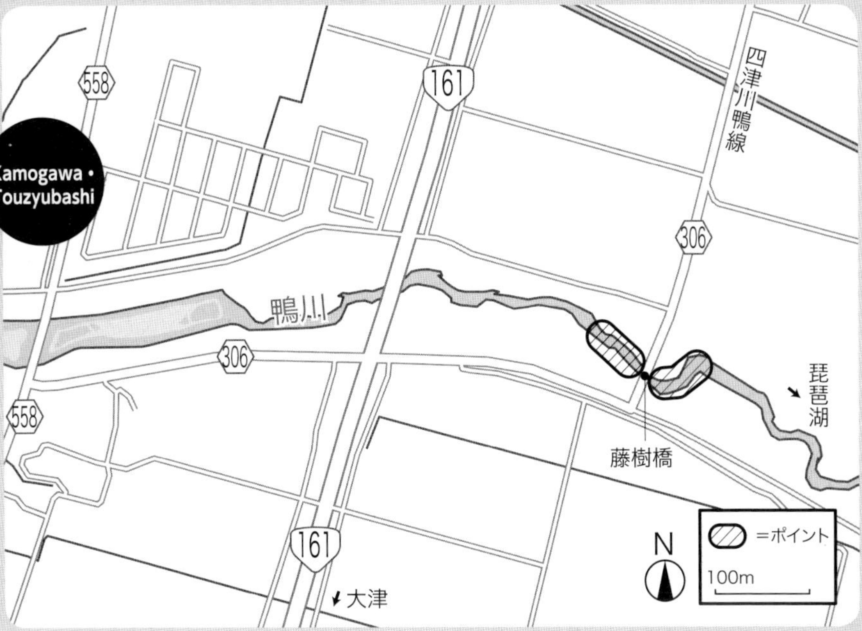

Kamogawa・Touzyubashi

558
161
四津川鴨線
306
鴨川
306
558
藤樹橋
琵琶湖
161
大津
N
=ポイント
100m

両岸からコアユの群れを捜し歩く。もしも群れにニゴイがついているのを見つけたらルアーフィッシングにスイッチ！

藤樹橋を下流側から望む

日本固有種のニゴイ。コイ科ながら最近はルアーフィッシングのターゲットとして人気

滋賀県高島市

和田打川河口

ブラックバス、ハス(ケタバス)

他の魚種
コアユ

ブラックバス
シーズン 3～9月

ハス
シーズン 5～8月下旬

滋賀県高島市にある萩の浜は、遠浅の浜と緑の松林に恵まれた静かで風光明媚な所で、人や鳥たちの憩いの場となっている。遠くには伊吹・鈴鹿山系が望める。平成8年には国土交通省から「日本の渚百選」に選ばれた。駐車場やトイレも整備されている。

その萩の浜に面した和田打川河口一帯が今回の釣り場だ。ここではバス釣りやケタバス釣りでウエーディングしている人の姿も多く見られ、特に沖合まで出てねらうと釣れやすい。

バスをねらう場合は、ヘビーキャロライナリグでの遠投がよい。したがってそれに適切なスペックのロッドを選ぼう。7フィート以上のロングロッドで、MH（ミディアムヘビー）以上の硬めのものがおすすめ。リールはベイトリール。ラインはフロロ12～16lbに市販のヘビキャロワイヤーをセット。シンカーは1／2～1oz（ロッドの硬さで調整）。リーダーはフロロ14lbを40～60cm。オフセットフックはワームに合わせて選ぶとよい。

風光明媚なフィールドでルアー釣り

ハスねらいの場合は6フィート前後のルアーロッドでOK。ラインは4～6lb。渓流トラウトや海のライトゲームタックルで充分に楽しめる。ルアーは5～7gのスプーンや7～9cmのミノーがおすすめ。沖合目掛けてルアーを投げ、着水と同時にリーリング開始！ルアーの動きを損なわないぎりぎりの高速で巻けば好反応。シルバーやゴールドをメインにいろいろ試してみると面白い。

ハスはヒットすると非常にスピーディーで元気よく暴れる。しかし他の魚と違い表面にヌメリがないのでとても弱りやすい。釣れたらできるだけ魚体に触れず、水中でさっとハリを外しやさしくリリースしてあげよう。そのためにもバーブレスのシングルフックをおすすめする。序盤はスプーンで広範囲を探り、反応がイマイチならばミノーのローテーションで活性を探ろう。オスの婚姻色は、ほれぼれするほどに美しい。

ここでは最大で35cmくらいの尺上ハスが期待できる。それほど大きくはならない魚だが、驚くほどの好ファイターで、その魅力に取りつかれたアングラーが多いことはいうまでもない。

また、和田打川河口ではコアユの群れも見られ、ピンポイントだが釣果が期待できる。ほかにも河口の石畳で小魚やエビなどが多く見られるので、小もの五目釣りも楽しめる。

ACCESS

クルマ

大津からR161を北上し近江高島方面へ。荻の浜口もしくは国道勝野交差点を右折し県道304号・風車街道へ進む。

河口部の萩の浜は、日本の渚百選にも選ばれた景勝地。コアユ釣り場としても人気だ

和田内川にもコアユが遡上する

ハスは河川を遡上するコアユの群れについてくる。写真は婚姻色の出たオス。ハスは初夏の琵琶湖の代表的な釣りものの1つだ

滋賀県高島市

乙女ヶ池

マブナ、ヘラブナ

シーズンを通してフナ釣りが楽しめる

滋賀県高島市にある乙女ヶ池。現在は平均水深1・6mほどの内湖となっており、多くの釣り人に親しまれている場所だが、万葉の時代には「香取の海」と呼ばれ、山の麓まで琵琶湖の入り江になっていた。さまざまな歴史の逸話が多く、朝の連続ドラマ『ごちそうさん』のロケ地でもある。

　琵琶湖周辺には乙女ヶ池のような内湖がたくさんあり、それぞれ水路等で琵琶湖とつながっている。そのため内湖は、多くの魚の産卵場や野鳥のパラダイスとなっている。

　乙女ヶ池周辺は整備されており、春には周りに桜がたくさん咲く。家族連れで、お弁当持参で一日のんびり過ごすのもいいだろう。本湖が荒れていてとても釣りができる状況ではない時にも、内湖はおすすめである。また本湖に比べて水温も安定しており、いつもなにかしらの魚が見られる。

　通年楽しませてくれるのはマブナ、ヘラブナ。3・6～4・5mのノベザオにウキ釣り仕掛けでねらう。玉ウキよりも感度のよいトウガラシウキやヘラウキがおすすめである。エサは練りエサかミミズでよく、まずはオダや杭の周辺を中心に探っていく。

　釣果を上げるコツは、まずしっかりと底をとること。多くの魚は底近くでエサを食べるからだ。底取り専用のゴムでしっかり底を確認したら、ウキ下を決める。練りエサは、何度も打ち返すことで魚が集まってくる。アタリが出るまでしばらく辛抱することも重要だ。アタリが出ない時は、障害物のある深みを探してみよう。

　乙女ヶ池はポイントが多いので、アタリがなければどんどん釣り歩いていくとよい。また水路近くではハスやホンモロコなどの、琵琶湖の固有種にも出会える。

　近江高島駅から近い乙女ヶ池は、アクセスのよさも魅力だ。また周辺には白鬚神社の湖中大鳥居や、近江商人を輩出した古い町並みが多く残り、見どころもたくさんある。

ACCESS

クルマ

大津からR161で近江高島方面。現地の池の周りには農道があるので駐車マナーと駐車スペースには充分に注意されたい。

電車

JR湖西線近江高島駅から徒歩約10分。

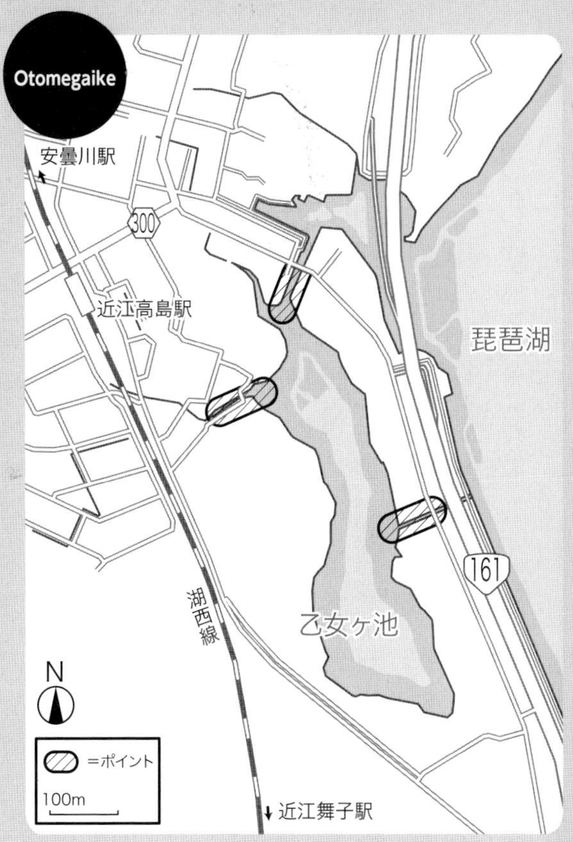

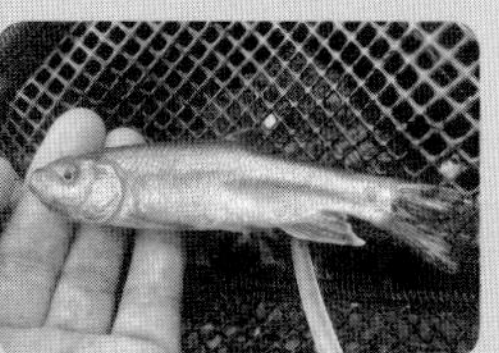
琵琶湖・淀川水系の固有種ハスにも出会える

オダやアシなどの障害物周りがポイント

池の周辺はよく整備されている

池は全体的に浅い

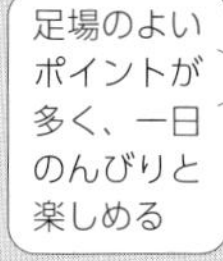

足場のよいポイントが多く、一日のんびりと楽しめる

滋賀県大津市

湖西湖岸・北小松水泳場

コアユ

初夏の行楽＆釣りにうってつけ

　北小松は琵琶湖湖西にある地域で、北小松水泳場がとても有名だ。水泳＝海水浴をイメージする人が多いと思うが、広大な水域の琵琶湖には多くの水泳場がある。北小松水泳場は、その中でも湖西エリアを代表する水質のよさで非常に人気がある。今回のポイントはまさにその北小松水泳場である。比良山が見えてロケーションも非常によい。JR北小松駅より徒歩10分とアクセスも抜群。最近流行りのサップボーダーの姿も多く見かけるようになった。

　ここでのメインターゲットはコアユだ。4月後半から遡上前の接岸してくるコアユの姿が見え始めたらチャンス到来。浜からねらう場合は5ｍ以上の長ザオが有利となるが、季節が進み、水が緩んでくると半ズボンなどで立ち込みながら釣るのもよい。その場合は3・6ｍくらいのサオが扱いやすいだろう。仕掛けは市販のコアユ仕掛けでよい。寄せエサはしらすダンゴ。こちらも市販されている。

　コアユ釣りは広大な水泳場の中で魚の姿を見つけることが一番重要となってくる。早朝や風のない日は、湖面で魚の跳ねを見つけるのが一番手っ取り早い。そのような場所を確認できたら、静かに釣りの準備をしよう。早朝は岸ぎりぎりの所にコアユが寄っていることがあるので、いきなり水の中にジャブジャブと入っていくのはおすすめできない。

　釣り方は、まずはしらすダンゴを付けたラセン仕掛けを何度か打ち込み、魚を寄せる。アタリがないからといって、ころころとポイントを変えるのではなく、同じ場所で魚が寄るまで辛抱強く続けよう。しばらくすると魚が寄ってきてアタリが出始める。アワセはサオを少し上げるようなイメージで、あまり強く合わせない。釣果を伸ばしたければ、アタリを少し待って追い食いを待とう。

　大きめのビクを市販のサオ受けにセットして浜に刺しておくと、釣った魚を活かしたままキープできる。

　釣り方も簡単で、足場もよく、駐車場やトイレも整備されているので初夏の行楽＆フィッシングには最高の釣り場である。ただし真夏は水泳場に多くのお客さんがくるので早朝、もしくは夕方をねらうのがおすすめである。

ACCESS

クルマ

大津からR161を北へ進み、滝川を越えて県道307号を右折し北小松水泳場へ。

電車

JR湖西線北小松駅より徒歩約10分。

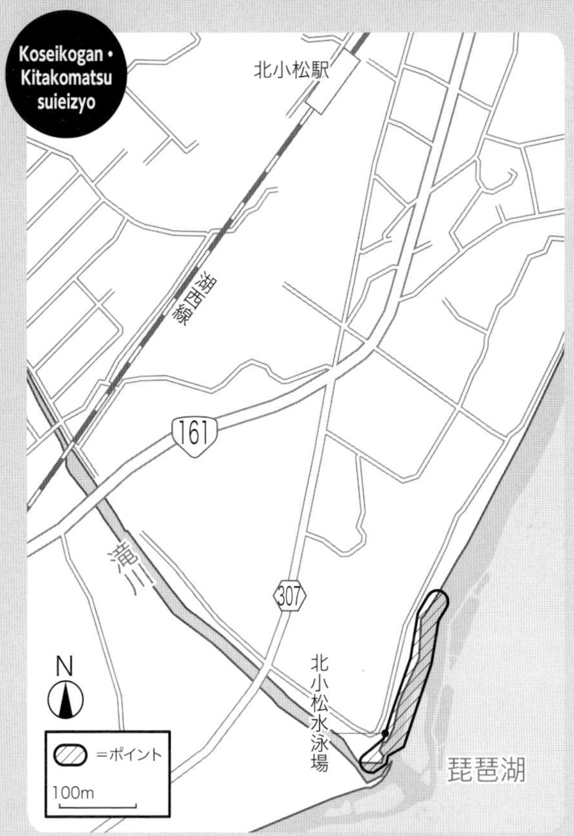

広い釣り場なのでグループでも楽しめる

水際にイスを置いてのんびり楽しむのが琵琶湖のコアユ釣りスタイル

水泳場のため有料駐車場やトイレなどの設備も充実している

こんな良型も混じる

エリアMAP 宇治川エリア

エリアMAP 桂川エリア

エリアMAP 淀川エリア

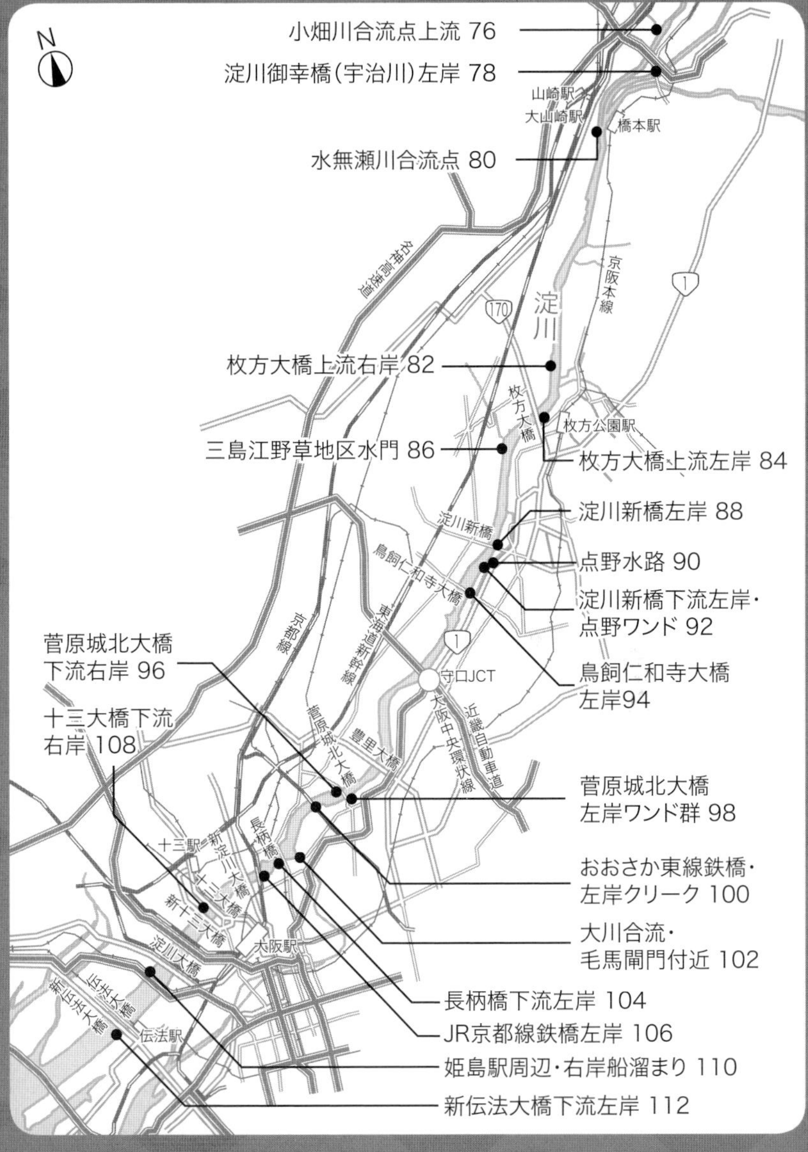

京都府宇治市

天ヶ瀬吊橋

オイカワ（ハエ）

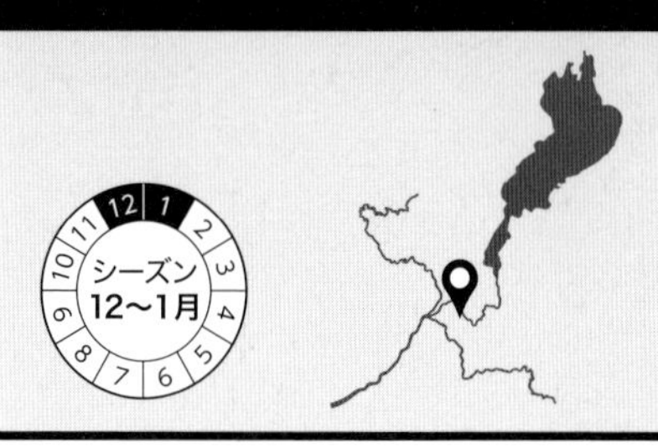

瀬田川→宇治川→淀川と名前を変え、大阪湾に注ぐ西日本屈指の大河川。今回紹介する釣り場は、その中流域にある天ヶ瀬ダム下流エリアの宇治川にかかる天ヶ瀬吊橋上下流。ここでは流れに立ち込まず岸からサオをだす。

吊橋下流右岸の岩場が最もよいポイント。ダムの影響もあり、昔から流れが速いエリアだが、ここはインサイドとなるので流れが緩む。さらに岩場が絡むことで複雑な流れのポイントを形成している。ゆえに魚がたまりやすい。

風光明媚な寒バエ釣り場

このポイントは、昔は全国的に有名だったが、近年ハエの数はかなり減っている。しかし、今でも冬の釣り場として人気が高い。

タックルは、4・5m以上のハエザオにミチイト0・4号、ハエ用発泡ウキ、ガン玉8号を5〜6個使用した多段オモリ仕掛けがおすすめ。専用の競技仕掛けがあればよいが、なければ普通の市販品でも大丈夫。ハリはハエスレ2〜2・5号、エサはマルキユー・ヤマベチューブハエが使いやすい。

釣り方は、寄せエサを併用した本格的なハエ釣りができる。ハエウキ（立ちウキ）の流し釣りは、寄せエサと食わせエサをマッチさせることが重要だ。マッチした時のアタリはハエウキが明確に水中に消える。

近年、魚影の減少でハエ釣りファンも少なくなったが、ここから下流の平等院周辺にかけては、今でも多くの釣り人が足を運ぶ。厳冬期のハエは寒バエと呼ばれ、特に京都ではアユにも勝る高級魚。白焼きは絶品！

また、紅葉の時期の景観は最高によく、川沿いを多くのハイキング客が訪れる。平等院をはじめ周辺には観光スポットもあるので、セットで楽しむのもよいだろう。

最後に、吊橋付近には駐車スペースがほとんどない。駐車マナーにはくれぐれも気を付けてほしい。

ACCESS

クルマ

県道３号大津南郷宇治線を天ヶ瀬ダム方面。天ヶ瀬吊橋の入口左側にほんの少し駐車スペースあり。

電車

JR 奈良線宇治駅が最寄りだが吊橋までは直線距離で 2km 以上あり、かなり歩く。

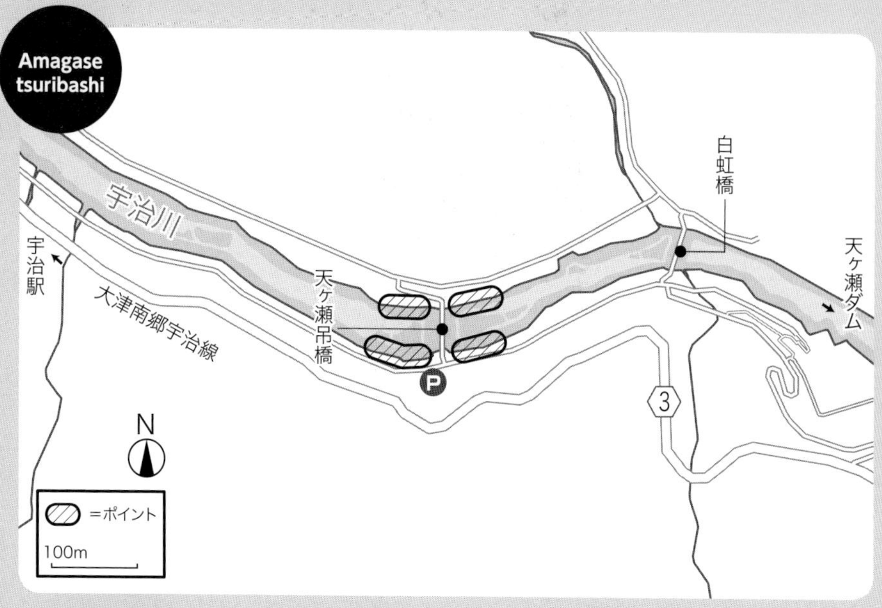

吊橋より上流を見る。天ヶ瀬ダムの放流には注意が必要（写真はいずれも増水している）

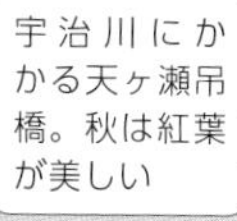

吊橋より下流右岸にある岩場は好ポイント

流心脇の流れが変化する所がポイント

橋の上流左岸にある休憩スペース前も好ポイント

京都府宇治市

京滋バイパス上流右岸

オイカワ（ハエ）

琵琶湖から流れ出す唯一の川は、瀬田川、宇治川、淀川と3回名前を変える。瀬田川は琵琶湖南側から京都に向け南西へと流れ、滋賀県から京都府に入ったあたりで宇治川となり、伏見などを流れ木津川、桂川と合流して淀川となる。

京都と大阪を結ぶ交通網の要衝、水運文化の中心が宇治川だ。釣り場として今回紹介するエリアは、上流・宇治川水管橋から下流の宇治川橋までがメインフィールド。右岸側に流れ込む小さな川の合流点ワンドは、流れが反転して緩いところがある。流れ込み上流側はゴロタ石や、ジャカゴが敷き詰められている。

往年の名ハエ釣り場

サオは4・5～5mのハエザオが有利。ウキは一般的なハエ釣り専用タイプを使うが、流れの速い所があり、ガン玉8つ=8号クラスのしっかりした浮力のあるものをおすすめする。エサはハエ釣り専用練りエサのマルキユー「ヤマベチューブハエ」、「ハエ競技用ねり」など。仕掛けはハエ釣り専用のものがあればベストだが、なければシンプルなウキ釣り仕掛けでもよい。ハリはハエスレ2～2・5号がおすすめ。

釣り方は、ポイントの上流から下流に流す単純なものだが、最初からアタリがあるわけではない。オイカワは群れで動いており、その群れを寄せエサで止めることが重要だ。そこで市販の「ハエ競技用まきえ」を野球ボール大に練り、ポイントに投入する。その場所を覚えておき、ウキをそのラインに流すとアタリが出だす。アタリが出てきたら、あまり動かず静かに釣ると群れが散らずに釣果が伸びる。

宇治川はかつて、ハエ釣り全盛期には各釣具メーカーが主催する大会が行なわれるほど有名な釣り場だったが、河川工事、鵜の食害、冷水病などでハエが激減した。現在は、往時と同じというわけにはいかないが、春から秋にかけては釣果が望めるようになった。

最後に、今回のポイントは足場は比較的よいが、流れが速く小さな子供連れの方は注意が必要だ。

ACCESS

クルマ

京滋バイパス宇治東料金所を降り、平和堂アルプラザ宇治東店を目差す。有料駐車場は京阪電鉄宇治線三室戸駅周辺にあり。

電車

京阪宇治線三室戸駅から徒歩約25分。

奥（上流側）に見えるのは宇治川水管橋

川の流れ込みのワンドはコイなどの好ポイント。奥（下流側）の宇治川橋までが釣りやすい流れだ

水量が増えると手前の流れもポイントとなる

関西ではハエと呼ばれるオイカワ。いかに魚を寄せるかが釣果を上げるキーポイント

京都府京都市

宇治川派流・柿の木浜公園前

カネヒラ

他の魚種
フナ・コイ

シーズン
8〜10月

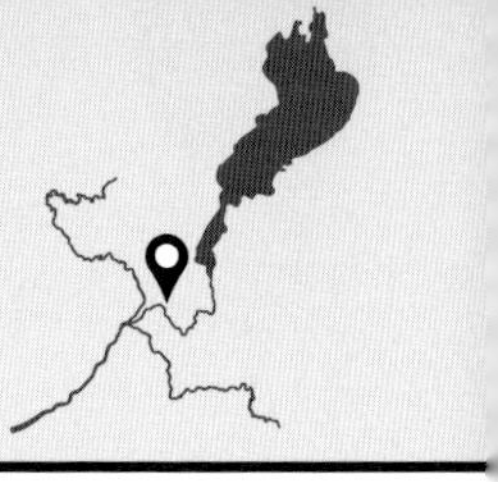

豊臣秀吉が築いた伏見城の外堀にあたる水路は、伏見水郷とも呼ばれ、周囲には多くの酒蔵や歴史のある旅館などが見られる。江戸時代は宿場町、水運の要衝地として賑わい、水路には酒、米、旅客を乗せた輸送船＝十石舟が運航していた。現在は観光遊覧船として大人気だ。

今回紹介するエリアはその観光十石舟の乗り場から近く、護岸されて比較的足場はよいが上流部へ行くほど草や木が多くなり、その間が釣り場となる。水深はだいたい1m余りで流れは緩く、ところどころに水草が生えている。やや濁っており底は見えない。

のんびり電車釣行でタナゴ釣り

川幅が狭いのでサオは6尺から9尺の短ザオ。仕掛けは一般的なタナゴ用の連動シモリ仕掛けが使いやすい。エサは市販のグルテン、黄身練り、アカムシなど。

川に草木が張り出している所を重点的にねらう。底から少し切ったタナを、ゆっくりエサを流す感じでよい。アタリはカネヒラなのではっきりしている。水面下にウキが留まるゼロバランスが一番アタリが分かるので、オモリの調整をするとよい。

カネヒラは10尾から20尾程度の群れで移動していることが多く、群れが回ってきた時はアタリが連発するが、離れてしまうとアタリが遠のく。その時はあきらめず、次の群れを待つのがよい。ほぼその繰り返しの釣りなので、常にアタリがあるわけではないが、エサの投入点を変えて流すポイントを探っていくのも手のひとつだ。

カネヒラは移動も早く、昨日いたのに今日はいない！　ということが頻繁にある。その場合は周辺の水路などを捜すとよいだろう。新しいポイント開拓ができて、思いがけない釣果に出会うこともある。

注意点としては、夏場は草木が茂りヤブカが非常に多いので、防虫対策を万全にしてもらいたい。

京阪本線の中書島駅からほど近く、のんびり電車釣行もおすすめだ。人気の伏見港公園もあり、歴史のある町でタナゴ釣りが堪能できるおすすめエリアだ。周辺にはコインパーキングも多いのでクルマ釣行にも便利。

ACCESS

電車

京阪本線中書島駅から徒歩10分。中書島駅周辺にはコインパーキングもある。

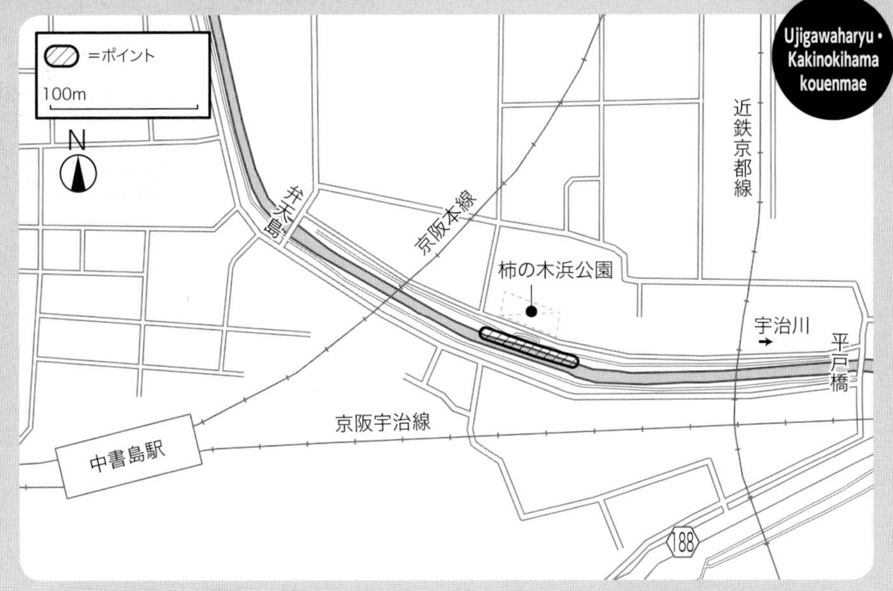

両岸は足場もよい。ちょっとした川の変化を見逃さないこと

観光の十石舟が停泊している周辺もポイント

婚姻色が美しいカネヒラのオス

メタリックな美しさに惹かれてカネヒラ釣りにハマった人も多いはず

京都府京都市

濠川・伏見港公園付近

カネヒラ

伏見港公園は、駐車場やトイレが整備され、自販機もあり、家族連れにはもってこいの場所だ。釣り場となる濠川は観光舟（十石舟）の通り道で、一帯はかつて多くの荷物が京都や大阪に運ばれていた水運の拠点だった。

琵琶湖の疏水として宇治川に注ぐ濠川のこのあたりの流れは広く、水量も豊富で両岸は護岸されている。メインターゲットのカネヒラは岸寄りの護岸周りに付いていることが多く、ヒラ打ちしている姿を確認できることもある。護岸は右岸と左岸で造りが違っている。左岸側は階段状で、岸際の水中には柵が入っている。

十石舟を眺めつつタナゴ釣り

柵越しの釣りとなるため、サオは少なくとも7尺以上の小ものザオ（タナゴ、ハエザオなど）が必要。8～9尺が使いやすくおすすめだ。仕掛けは、全体的に流れがあるため、ある程度浮力のあるウキを使いたい。エサはグルテン、黄身練り、アカムシなど。流れの中を打ち返す釣りとなるため、初心者はエサ持ちのよいアカムシがよいだろう。ねらうタナは1mほど。カネヒラは護岸の石に沿って回遊していることが多く、護岸沿いにエサを流そう。

公園側から橋を渡った右岸は、京阪電鉄の鉄橋周辺から下流の三栖閘門ワンドまでの間が主な釣り場だ。こちらの足場は階段がなく、水際に手すりがある。サオは左岸側より短い6尺以上くらいでよい。ポイントは、一部に緩いところもあるが、やはり流れの中を釣るので浮力のあるウキを使うのがよい。

琵琶湖の疏水から入ってきた魚なので、時期を外すと全く釣れないが、タイミングが合えば体高のある10㎝クラスの型のよいカネヒラに出会える。ハイシーズンのオスの婚姻色は大変美しく、釣れた時の喜びは最高である。

注意点として、十石舟の通り道となっているため、夏場に藻刈りをする。この時期にあたると、大幅に水位が下がり流れもほとんどなく、水深は30㎝程度となる。その時は、ところどころに残っている藻にカネヒラが付いていること多いので、やや長めのサオで、そういった藻の周りをねらうと釣果が上がる。

伏見稲荷、酒蔵など、周辺には多くの観光スポットがあるので、セットで一日ゆっくり楽しむのもよいだろう。

ACCESS

クルマ
名神高速・京都南ICから南へ約10分。第二京阪道路・巨椋池ICからは北へ5分。いずれも伏見港公園を目差す。公園内に有料駐車場あり。

電車
京阪本線・中書島駅から徒歩約3分。

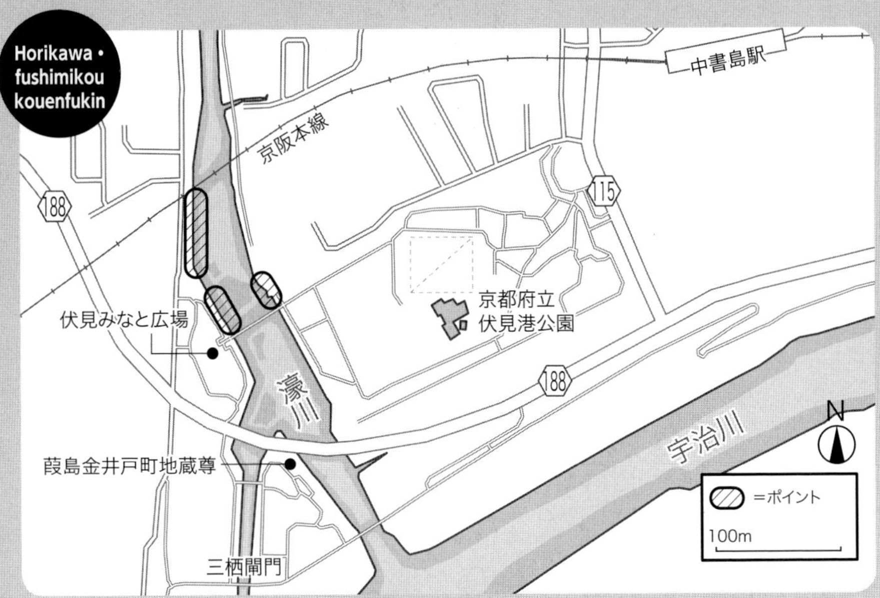

右岸は水際に手すりがある

左岸側は階段状で、岸際の水中には柵が入っている

琵琶湖からの疏水を通じて入ってきたカネヒラ

京阪本線の高架下

京都府南丹市

官山川ほか・氷室の郷周辺

アブラボテ、ヤリタナゴ

他の魚種
オイカワ（ハエ）・モロコ・
カネヒラ・タイリクバラタナゴ
シーズン
3月下旬〜
11月
12 1 2 3 4 5 6 7 8 9 10 11
（文末に追記あり）

京都の奥座敷、素掘りの小川でタナゴ釣り

京都の奥座敷に南北に広がる南丹市。北部を流れる由良川は日本海に注ぎ、南部を流れる桂川は、淀川に合流したのち太平洋に流れ込む。つまり、市内に分水界（水別れの路）があるという、きわめて珍しい地理的特徴をもつ。

桂川水系は、周囲に田園風景が広がり、自然が豊富に残るロケーション抜群の釣り場である。メインターゲットはタナゴ。同一エリアで釣れる種類は多彩で、最も多いのがアブラボテ、続いてヤリタナゴ、カネヒラ、タイリクバラタナゴ。まれに近年激減したイチモンジタナゴが釣れることもある。

釣り場に隣接する南丹市立公園「八木農村環境公園氷室の郷」は、広大な敷地内で各種農作物の収穫をはじめ、パン作り、味噌作り、漬物作りなど、さまざまな体験ができる施設や農園が整備されている。ダチョウ園もあり、子供たちにも大人気。トイレ・駐車場もあり、土日祝日には施設内で食事もできるので家族で楽しむにはもってこいの場所だ。

施設の近辺には馬田川、官山川が流れ、いずれも昔ながらの護岸されていない素掘りの川で生息するタナゴも豊富。ただし年によっては改修工事が行なわれ、川の様子が大きく変わってしまうこともあるので注意が必要。

川を観察すると、護岸に杭が打ち込まれている箇所や、流れ込みで掘れて水深がある場所、ゴロタ石や藻が見られる場所は絶好のポイントになる。比較的小型のアブラボテや、ヤリタナゴであれば容易に釣れるだろう。

アブラボテ、ヤリタナゴは比較的小型が多いがアタリは明確に出るので、さほど繊細な仕掛けは必要としない。エサは調達の便利なグルテンや黄身練りで充分である。近年はタナゴ用に、マルキユータナゴグルテン、マルキユー黄身練りが市販されているのでそれを買い求めるのが手っ取り早い。また、夏以降は、カネヒラが産卵のため本流から各所の水路に入り込んでくるので、アブラボテ、ヤリタナゴにとって代わりメインターゲットになる。

サオの長さは、ポイントにもよるが概ね4〜7尺あれば充分だ。タナゴを専門にねらう場合は、より微妙なアタリも取れる連動シモリ仕掛けがおすすめ。オイカワ、小ブナ、モロコ類ならシンプルなウキ釣り仕掛けで充分。

ポイントによってはタイリクバラタナゴが固まっているところもある。タイリクバラタナゴは遊泳力がないので、ねらう場合は比較的流れのゆるやかな、ほぼ止水に近いようなポイントがよい。

ここは関西都市部近郊の釣り場としてはロケーションもよく、訪れる釣り人も多いがタナゴの種類も豊富で、おすすめしたい。最後に、タナゴには釣った魚を飼育する楽しみもあるが、今後も多くの人が末永く楽しめるように、個人で楽しむ以上の持ち帰りは厳に慎んでいただきたい。

ACCESS

クルマ

京都縦貫自動車道千代川ICより約6km、同八木西ICより約5km。

電車

JR嵯峨野線八木駅下車、タクシー利用（約10分）。

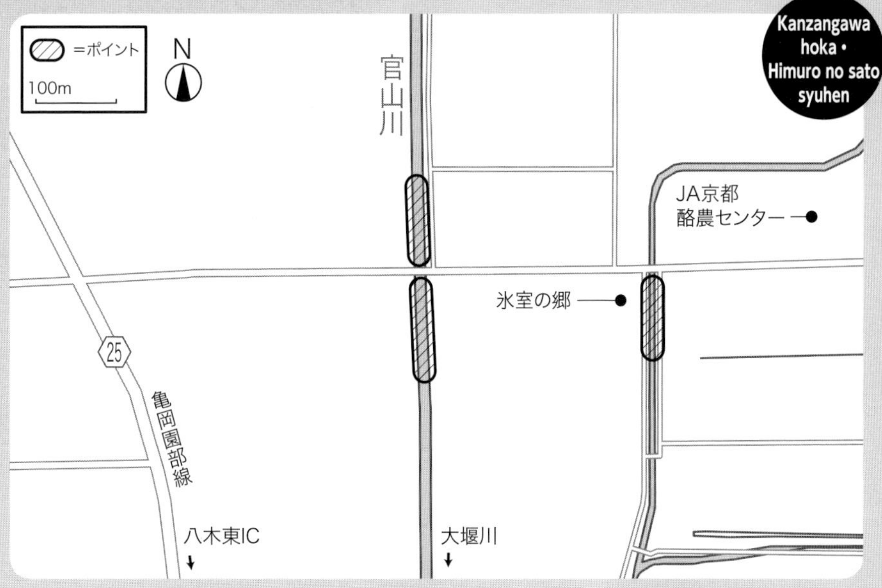

氷室の郷の脇を流れる水路。いたるところがポイントだ

いろいろな体験ができる氷室の郷

小さいながらも重厚感のあるアブラボテのオス

ヤリタナゴ、アブラボテが楽しませてくれる

京都府南丹市

大堰川大堰橋右岸

マブナ、コイ、オイカワ（ハエ）、モロコ

他の魚種
ブラックバス・ブルーギル・ナマズ・ヤリタナゴ
シーズン 4～10月
（オイカワは晩秋以降も釣れることがある）

周囲には桜で有名な大堰川緑地公園などがあり、家族連れや初心者にはおすすめの場所だ。R9から近く、京都縦貫道・八木東ICからも近く、大阪方面からもアクセスがよい。また河川敷に車で降りることもでき駐車場もあるので非常にアクセスがよい。

釣り場は支流・園部川合流点の下流側で水量も豊富。本流エリアのため、吸い込み仕掛けで大きなコイをねらったり、ノベザオで小魚をねらったりと、いろんな釣りが楽しめるだろう。

のんびり本流釣り

本流の魚がいるポイントは、流れの速いエリアよりは、消波ブロックやちょっとした障害物があり流れのゆるやかな場所なので、ポイントを選別する時の参考にしよう。橋より上流側は、水深もあり、コイやフナ、オイカワ、モロコなど魚が寄りやすい環境になっている。

消波ブロックの前をねらう必要があるので、サオは8～10尺程度の、小もの釣り用としては比較的長めを用意したほうがよい。オイカワ（ハエ）をねらうのであれば、より長い15～18尺程度のサオが必要になる。コイは水深のある大場所で、ウキ釣りよりも吸い込み釣りに分がある。

ゆるやかな流れがあるので、水深を計って底から少し切った程度のタナをゆっくり流してアタリを待つ。流れに揉まれてウキがシモってしまうのを防ぐため、浮力が強く感度の高い発泡系のハエウキなどを使うと、より釣りやすいだろう。

ハエをねらうのであれば、エサは市販のハエ用練りエサ。モロコなどの場合はアカムシがよい。細めのミミズなどもエサ持ちがよく、初心者、子供にもおすすめ。ちなみに、南丹市周辺では秋になると食味もよい地のモロコ＝タモロコなどを専門にねらう人もいる。

ACCESS

クルマ

R 9を福知山方面へ進み八木交差点を右折。または京都縦貫道・八木東 ICを降りてすぐ。

電車

JR 山陰本線（嵯峨野線）八木駅から徒歩約 10 分で河川敷に出る。

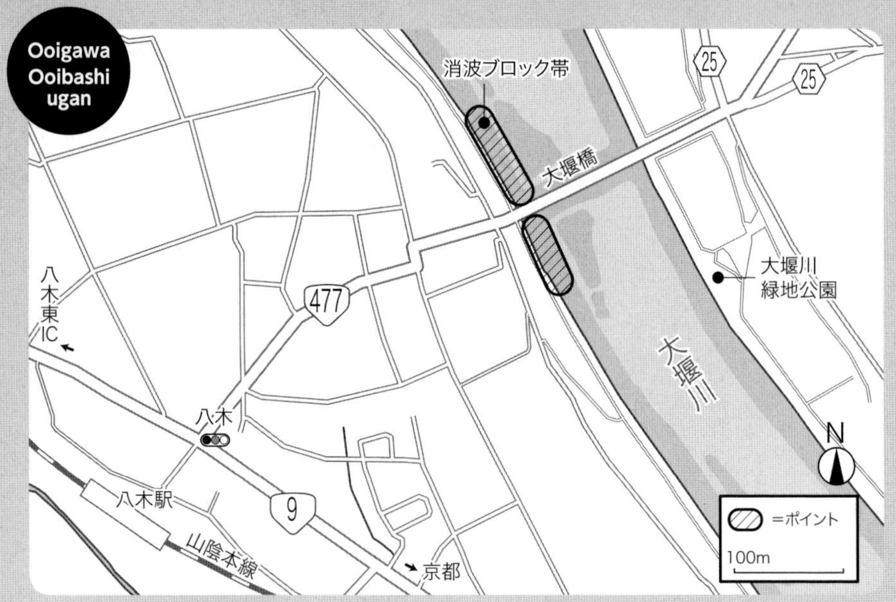

オイカワ（ハエ）もシーズンを通してよく釣れる

大堰橋右岸下流河川敷は駐車可能

大堰川水系ではヤリタナゴもねらえる

大堰橋上流右岸に沈む消波ブロック

京都府乙訓郡

小畑川合流点上流

オイカワ（ハエ）、ウグイ（ハヤ）

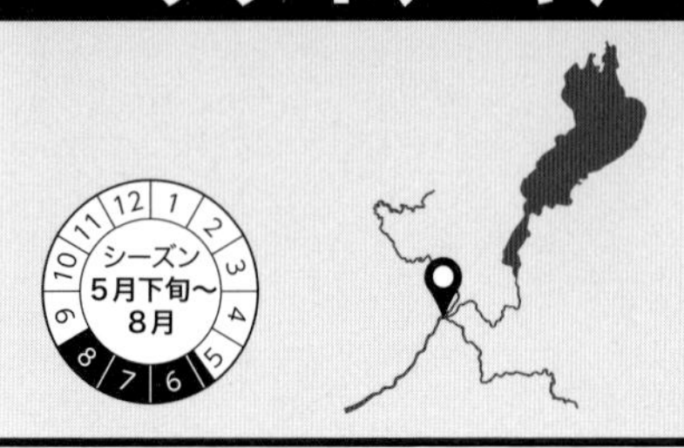

1582年6月2日の本能寺の変を受け、備中高松城から急きょ引き返した羽柴秀吉軍勢は、6月13日に摂津の国と山城の国の境で明智光秀の軍勢と激突した。いわゆる「天王山の戦」があった大山崎地区を流れ桂川に合流する小畑川は、水質もよく多くの小魚が棲む。また隣接する山崎地区は、サントリー山崎蒸溜所があることでも知られる。

小畑川では、5月になると本流からハヤやオイカワなどが遡上し、浅瀬に群れをなしている姿が見られる。流れ込みや少し淀んだ淵などでサオをだしてみよう。全体的に浅場が多く、子供たちと水辺の生物観察をするにもうってつけの場所である。

本流河川敷の公園施設ごと楽しめる

また、合流点付近の淀川河川敷には駐車場と公園が併設され、樹木の点在する広場や、バーベキューに便利なサークルベンチ、洗い場などの設備がある。夏休みなどには家族連れでバーベキュー&フィッシングを楽しむのもよいだろう。

オイカワ（ハエ）をねらう場合、2・7m以上の清流ザオのウキ釣りがいい。水深が浅く、瀬などではオモリのない軽い仕掛けで釣るのがおすすめだ。エサは練りエサもしくはサシ。オイカワは群れで泳ぎ、静かにしていると回遊してくる。その群れを寄せエサを撒いて集め、散らさないようにすることが大切だ。

暖かい季節は、川に浸かりながら婚姻色が現われたオイカワのオスをねらいたい。できれば毛バリ釣りにチャレンジしてみよう。3・6mくらいのノベザオに、市販のオイカワ用毛バリ釣り仕掛けが便利だ。毛バリが5~7本付いている仕掛けを対岸に投げ込んで下流に流す。この時、サオと仕掛けが一直線になるようにイトを張りながら流すとよい。アタリがなければ下流に釣り下る。朝夕にライズがあればチャンスだ。エサを付ける手間がいらないので、川遊びをしながら子供と楽しむのもよいだろう。

ACCESS

クルマ

名神高速大山崎 IC から約5分。R 171 名神高速高架下交差点をダイハツ工場方面へ進み駐車場へ。

電車

JR 京都線長岡京駅東口から阪急バス 19 系統新山崎橋行利用、大山崎体育館前下車。河川敷の公園までは徒歩約 10 分。アクセス詳細は「大山崎地区 淀川河川公園」https://www.yodogawa-park.go.jp/annai/ooyamazaki/ 参照。

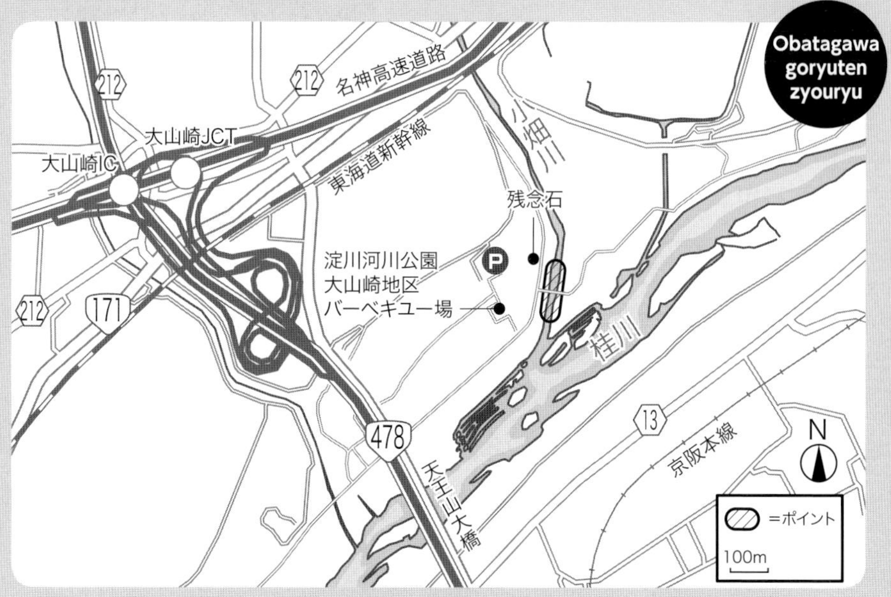

本流河川敷の公園ではバーベキューを兼ねた釣りも楽しめる

本流河川敷の公園には駐車場やトイレが整備されている

水質のよい小畑川の流れ。オイカワの魚影も多い

京都府八幡市

淀川御幸橋(宇治川)左岸

コイ

他の魚種

オイカワ・ハヤ・ウグイ・ホンモロコ・ハス(ケタバス)

数多の大ゴイファンが通った往年の名ポイント

淀川御幸橋が架かる背割堤（せわりてい）地区は、桜並木が名物。春は約1・4㎞の桜並木（背割桜）を見に世界中からお客さんが来る。夏は七夕まつり、秋は桜の紅葉など、淀川三川合流域の風物詩を堪能できる。また、京阪本線石清水八幡宮駅からも近く、アクセスは抜群。2017年3月には橋付近に「淀川三川合流域さくらであい館」が開館し、多くのサイクリストの休憩場所として活用されている。展望塔も併設されており眺めは格別だ。

ここでの釣り場は北から桂川、宇治川、木津川とあるが、一番は宇治川を渡る淀川御幸橋上下のポイントである。大きな駐車場、トイレなども併設され、家族連れにはもってこいの場所だ。

メインターゲットはなんといってもコイ。昔は80㎝を超える大ゴイのポイントとして有名で、数多くのコイ釣りファンが訪れた。また、バスフィッシングの好ポイントでもあり、多くのバサーが訪れる。

コイの釣り方は、吸い込み釣りがメイン。本格的な投げザオでねらうのもよいが、シーバスロッドやバスロッドなどのスピニングタックルでも気軽に楽しめる。仕掛けは市販の吸い込み仕掛け。オモリは8号前後。練りエサえを付け、食わせバリには持ちのよいミミズを付ける。

淀川御幸橋左岸上流の水門から流れ込む流れ込みが好ポイント。水門からの流れによってできた、底が深く掘れている所がコイが多く集まる場所だ。橋の下は足場がよく、夏は日陰にもなるので朝からのんびりとアタリを待ってみよう。コイは同じ回遊ルートを通るので、一度アタリがあったら同じポイントに投げ込みコイを寄せるとよい。サオ先に専用の鈴をつけるとアタリが分かりやすい。

橋の左岸下流にも足場がよいエリアがあり、そこにはオイカワ、ウグイ、ホンモロコなど小型の淡水魚も多くいる。3・6ｍ以上の渓流ザオに市販のウキ釣り仕掛けをセットし、エサは練りエサもしくはミミズ。いろいろな魚が釣れるので初心者にはおすすめだ。ただし、桜の時期は多くの人が訪れるため、お花見がひと段落した後からが釣り人にとっては好シーズンとなる。

ACCESS

クルマ

名神高速大山崎 IC を降りて 10 分。無料の河川駐車場がある。

電車

京阪本線石清水八幡宮駅より徒歩約 10 分。
アクセス詳細は「背割堤地区　淀川河川公園HP」https://www.yodogawa-park.go.jp/ annai/ sewaritei/ を参照。

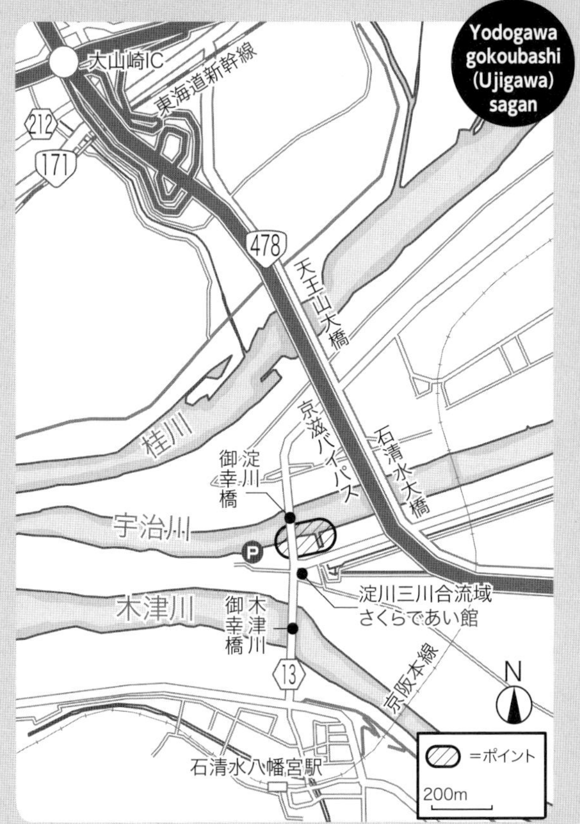

橋の下流左岸はマブナやオイカワねらいによい

淀川三川合流域さくらであい館展望塔からの絶景。駐車場の下流側は背割堤の桜並木

無料駐車場やトイレなどの設備がある

大阪府三島郡

水無瀬川合流点

カネヒラ

ここは本流（桂川）との合流地点になっているので、雨の日は水量に注意しよう。カネヒラは消波ブロックの穴など障害物周りが好ポイントとなるので、足元には充分に気をつけること。増水時は釣行を控えるのが賢明だ。

釣り場のある淀川河川公園島本地区にはトイレと大型の駐車場がある。国道から少し入った場所なので比較的釣り人も少なく、新規開拓などにもおすすめだ。淀川水系の中でも桂川はタナゴ類が多く、かなり期待が持てる。春から秋の間に通い詰めると、思わぬ釣果や出会いに恵まれるかもしれない。

消波ブロック周りがポイント

合流点付近は川幅も広く、水深もあるので、タナゴ釣りといってもサオは1・8m以上のものを使うとよい。仕掛けは市販のタナゴ連動シモリ仕掛け。タナゴ釣りは、いかに小さなアタリを取るかが重要。そのためにはまずウキの調整をしなくてはならない。市販の仕掛けも調整が必要だ。ウキが水面下ぎりぎりに浮く、いわゆるゼロバランスが一番よい。板オモリをハサミで切って浮力を調整する。感度のよいウキは、ほんの少しオモリを切っただけで沈みすぎたりと調整が難しい。できれば事前に家でウキの調整をしたほうがよいだろう。

ウキのトップが水面から完全に出ているトップバランスとゼロバランスでは、アタリの出方と釣果に差が出る。面倒でもゼロバランスで釣りをすることをおすすめしたい。エサはアカムシがよい。

カネヒラの活性が高い時は、ヒラを打つ姿が確認できる。その場合すみやかにそこをねらう。カネヒラは群れで回遊する特徴があり、移動はかなり早い。アタリが遠のいても辛抱強く待つことが重要で、しばらく経つとまた回遊してくる。また、昨日いた場所に今日はいない！ということもよくある。状況を見てポイントを大きく変えるのも1つの手だ。

最後に、前記したとおり消波ブロック付近では足元に充分注意すること。小さな子供連れの場合は特に注意が必要だ。

ACCESS

クルマ

名神高速大山崎ICを降り約10分。一般道は高槻方面からの場合、R171を京都方面に進み新水無瀬橋手前右折。京都方面からは新水無瀬橋通過後すぐ左折し堤防上から駐車場へ。

電車

阪急京都線大山崎駅下車徒歩10分またはＪＲ山崎駅下車徒歩15分。
アクセス詳細は「島本地区　淀川河川公園」 https://www.yodogawapark.go.jp/annai/simamoto/ 参照。

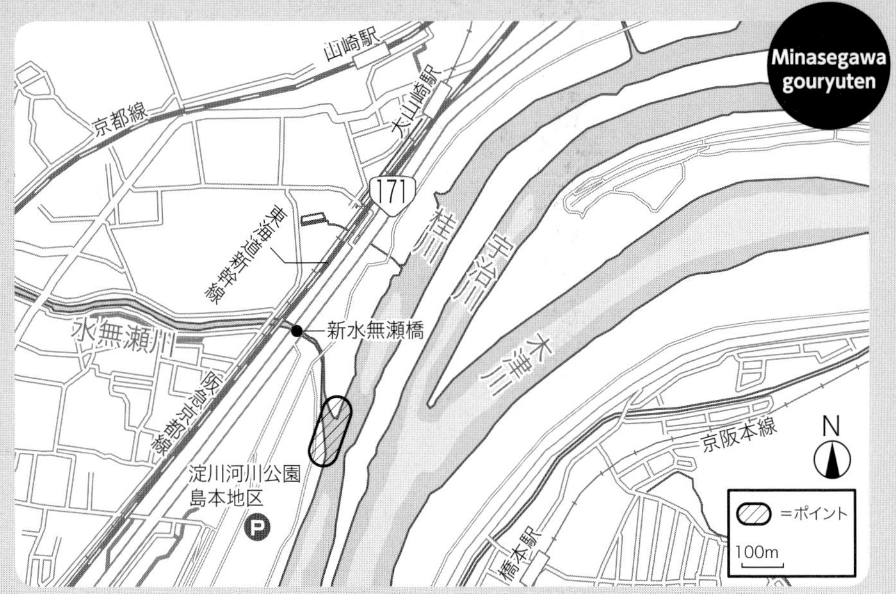

消波ブロック周りで水深のある場所がねらいめ

ブッシュの下、ほとんど沈んだ消波ブロック周りも見逃せない

ターゲットを変えて吸い込み仕掛けでコイをねらってみても面白い

大阪府高槻市

枚方大橋上流右岸

カネヒラ

他の魚種
オイカワ(ハエ)・ブラックバス・ナマズ・ブルーギル・ギギ・モロコ・マブナ・コイ
シーズン
7〜10月
12 1 2 3 4 5 6 7 8 9 10 11

枚方大橋右岸上流へ約2km続く細長い公園が淀川河川公園大塚地区である。アスレチックなどの遊戯施設が2箇所、グラウンドや大型の駐車場トイレもあり、釣り人以外にも人気のエリアだ。対岸には同じく河川公園の枚方地区があり、高槻市、枚方市の中でもっとも充実したエリアとなる。

大塚地区側の流れには大小数多くのワンドが形成されている。本流の増減水によって魚の出入りが多く、一年中釣りが楽しめるエリアでもある。近くには大型釣具店もあり、立ち寄って情報を収集するのもよい。

大小のワンドが好ポイントを形成

カネヒラのシーズンは、7月から10月まで。枚方地区と違い足場が護岸されていないので、3m前後の少し長めのサオをチョイスしよう。仕掛けは市販のタナゴ仕掛けが使いやすい。ワンド内は流れが緩いので、小さめのウキを使う。ウキは事前にゼロバランスにセッティングしておくとよい。また、仕掛けのパーツもメーカーからたくさん出ているので、自作するのもタナゴ釣りの楽しみの1つだ。時間をかけて自作したウキで釣れた魚は一生の思い出になる。作り方はつり人社の本を参考に!

カネヒラのエサはアカムシが中心。黄身練りもあったほうがよい。この黄身練りもいろいろと作り方にこだわりがあるので、ベテランの方にレシピ等を聞くのもよいだろう。

淀川水系には好ポイントが数多くあるが、まだあまり開拓されていないので自分の足で捜してみよう。自分で見つけたポイントで、鮮やかなカラーのタナゴが釣れた時の喜びは格別だ。

メインターゲットのカネヒラ以外に、マブナ、コイなどもいるので、練りエサを使ったヘラブナ仕掛けでコイをねらってみるのも面白いだろう。ノベザオでのやり取りはとてもパワフルでスリリング。また、春先の雨が降った後などはルアーでナマズをねらうのも面白い。

ACCESS

クルマ

新名神高速高槻ICから約15分。一般道は、枚方大橋北詰信号から駐車場へ。日曜、祝日は春日町交差点より駐車場へ。

電車

JR高槻駅より京阪バス1・1A系統枚方市駅北口行「枚方大橋北詰」下車、徒歩約7分（乗車時間約23分）。
アクセス詳細は「大塚地区　淀川河川公園」https://www.yodogawa-park.go.jp/annai/ootuka/ 参照。

Hirakata oohashi zyouryu ugan

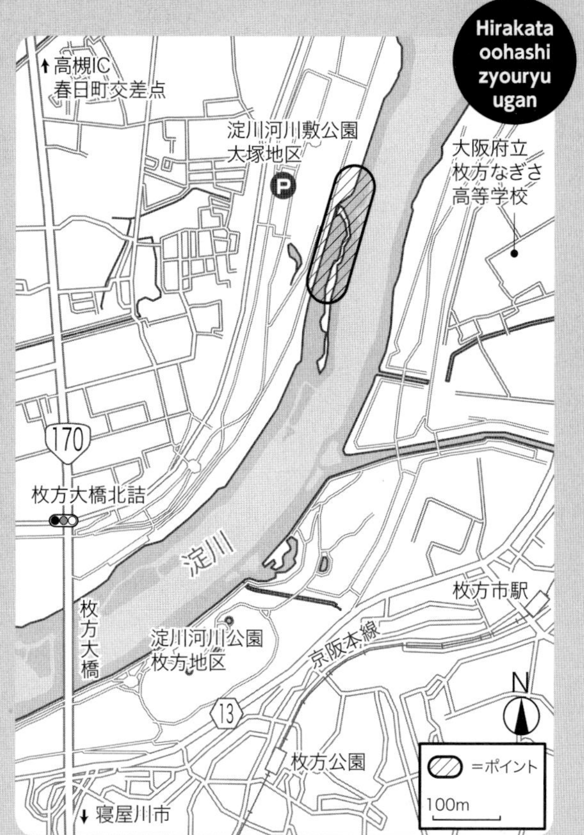

大小のワンドが数多くあるのもこのエリアの魅力だ

河川敷には駐車場が整備されている

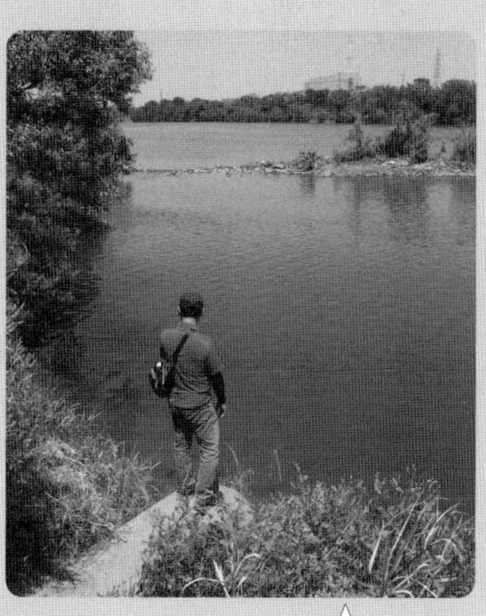
護岸されていないので
足元には注意が必要

大阪府枚方市

枚方大橋上流左岸

カネヒラ

他の魚種
オイカワ(ハエ)・ブラックバス・ナマズ・
ブルーギル・ギギ・モロコ・マブナ・コイなど
シーズン
5〜10月

5月の連休が明けるころ、産卵を意識したカネヒラが接岸し始め、護岸沿いの藻類をつつきだす。カネヒラのメインシーズンはその頃から8月あたりにかけて。梅雨の時期は増水の影響を受けやすいので注意しよう。

釣り場は全体に足場がよく、枚方大橋西・東側に駐車場、トイレがあるので安心だ。また、バーベキュースペースもあるので家族連れや初心者の方におすすめだが、土日はかなり混む。

カネヒラの一番の好ポイントは枚方大橋上流左岸で、階段状のコンクリート護岸や石組みのあるエリア。また、橋上流で最初に流れ込む支流・天野川の合流エリアはオイカワが釣れる。

石組みの護岸が一番のポイント

カネヒラねらいの場合は、1.8m前後のタナゴザオに、仕掛けは市販の連動シモリ仕掛けがよい。護岸際は流れが結構強いので、ウキは大きめのほうが使いやすい。浮力の調整はゼロバランスが一番よく、小さなアタリが明確にでる。しかし、障害物などがあまりなく流れもあるポイントなので、ウキのトップをやや出したトップバランスでもよいだろう。

流れの中を泳いでいるカネヒラのアタリは鋭い。タナは護岸の底をなめるように流すと効果的。カネヒラが接岸している時には、タナゴ類特有のヒラ打ちが見られるので、偏光グラスをお忘れなく。まずは歩いてヒラ打ちを捜すのもよい。エサはアカムシ、黄身練りなど。黄身練りは少し硬めのほうがいい。タナゴ専用のグルテンも硬めにするとエサ持ちがよい。

カネヒラの群れの移動は早いので、釣れない時は1箇所で粘るより場所を変えていったほうがいい。枚方大橋から上流に向かって護岸のポイントを捜そう。またカネヒラは朝夕で比べると、夕方に活性が上がる。駐車場の閉開時間が季節によって変わるので事前に確認しよう。

天野川合流エリアは前記したとおりオイカワ（ハエ）が多い。少し長めの渓流ザオに市販のハエウキ釣り仕掛けでねらうのも面白い。

駅に近く、施設も充実している枚方地区は淀川の中でも初心者が楽しめるエリアである。

ACCESS

クルマ

阪神高速 12 号守口線守口出口から R1、170 で約 20 分。新名神高速高槻 IC から枚方方面へ約 20 分。

電車

京阪本線枚方市駅下車徒歩 10 分、枚方公園駅下車徒歩 5 分。
アクセスの詳細は「淀川河川公園枚方地区」https://www.yodogawa-park.go.jp/annai/hirakata/ 参照。
休日は駐車場が混雑するので注意。

石組み周りはカネヒラの一番のポイント

1.8m前後のタナゴザオが護岸脇をねらいやすい

カネヒラのオス。大都市近郊でこんなに美しい魚に出会える

階段状の護岸が続いている

大阪府高槻市

三島江野草地区水門

タイリクバラタナゴ

幹線道路から堤防道を2㎞も入るため、施設が充実しているわりに静かでのんびりとした穴場的な地区。もちろん駐車場、トイレも整備されている。水門と本流合流地点の距離が近く、水深もあり多くの魚が出入りしている。

釣り場は障害物、オダ、石畳、消波ブロックなどの好ポイントが続き、障害物の隙間などをよく観察すると、タナゴがキラキラとヒラを打つ姿が見られる。比較的足場もよく、足元から掘れており淡水小もの釣りの醍醐味を味わえるポイントである。また、ブラックバスのポイントとしても有名。

ただし、台風や大雨の後はかなり増水して危険なので、くれぐれも出掛けないように。

障害物の隙間からヒラ打ちが見える

釣り方だが、タイリクバラタナゴねらいの場合、サオは1・8mもあれば充分だろう。できればタナゴザオがおすすめだ。はじめはホンモロコやカワムツなどが釣れてくるが、根気よく続けていると、婚姻色に包まれた色鮮やかなタイリクバラタナゴに会える。仕掛けは、小型の親ウキに糸ウキを組み合わせた連動シモリ仕掛けが定番。ハリはタナゴ専用を使うと掛かりが断然違う。

ウキの浮力バランスは、水面下ぎりぎりに止まるゼロバランスが小さいアタリも分かるので、事前に調整しておけば現場での手間が省ける。水深が深い場合は、今流行りのプロペラ仕掛けなどで全層を探るのも効果的だ。エサはタナゴ専用のグルテンか黄身練り。最初は魚を寄せるために、大きめのグルテンを付けて何度かエサを切る。そしてアタリが出始めたら黄身練りに変えるのがポイントだ。エサ取りなどが多い時には、アカムシを使うのも効果的。季節は春のほか、少し涼しくなってくる秋も魚の活性が上がるのでチャンス。

マブナを釣りたい人は、少し長めのノベザオでねらうとよい。仕掛けは、市販のシモリウキ仕掛けでエサはミミズを使う。ほかにもいろいろな魚のアタリがあるので五目釣りが楽しめる。

人気ポイントが多くある左岸に比べて、右岸は比較的人も少ない。新規ポイント開拓も可能で、それもまた楽しみの1つだ。ゆえにこの三島地区は今、淡水小もの釣り場として一番ホットな場所かもしれない。

ACCESS

クルマ

R170を高槻方面から淀川方面に向かい、大塚町南交差点を右折して府道139線へ。鷺打橋を越えてすぐ左側に公園入口。

詳しくは淀川河川公園三島江地区・三島江野草地区 https://www.yodogawa-park.go.jp/annai/misimae-yasou/ 参照。

足元から水深があり、波消ブロックやオダ周りがポイントとなる

本流とつながる水門口

艶やかな色合いのタイリクバラタナゴ。関東では「オカメ」の愛称で親しまれている

大阪府寝屋川市

淀川新橋左岸

カネヒラ、タイリクバラタナゴ、テナガエビ

他の魚種
ブラックバス・ナマズ・ブルーギル・ギギ・モロコ・フナ・コイ
カネヒラ・タイリクバラタナゴ
シーズン
5月上旬～8月
テナガエビ
シーズン
5月中旬～8月末旬

連休明けになるとカネヒラが入ってきて、護岸のコケをつつく姿が見られる。ヒラ打ちが目につきだすと本格的なシーズンである。このエリアの淀川に関していえることは、左岸側のほうに本流があり深くなっている。水通しもよく、比較的魚がつきやすい場所である。この辺りでは最もテナガエビの有望なポイントでもあり、5月中旬からシーズンが始まり、梅雨時に最盛期を迎える。またバスフィッシングの好ポイントでもあるので、いろいろ情報交換などしてもいいだろう。

梅雨時はテナガねらいでおかずゲット

淀川の左岸エリアは自転車専用道路も整備され、フットワークの軽い自転車で釣り場を回るのも最高。また市営の駐車場が整備されており、トイレもあるのでファミリーにもおすすめだ。ただし、足場は川なので毎年地形が変わる。子供連れの場合は、子供から目を離さないように注意しよう。

タナゴをねらうには、サオは2・7mくらいの少し長めが有効。流れが当たって水がヨレている場所は比較的タイリクバラタナゴのポイント。流れが通っている所はカネヒラの本命釣り場である。仕掛けは通常のタナゴ仕掛けでよい。エサはアカムシ、黄身練りが有効。ポイントでじっくりエサを打ちまくって魚を寄せて活性を高めたい。アタリが出始めたらチャンス到来だ。

テナガエビの場合、仕掛けは3つシモリのテナガエビ仕掛けがよい。エサはアカムシ。ハリはテナガエビバリ（1本バリ）。テナガエビが潜んでいそうな障害物や底が掘れている石の隙間などに仕掛けを投入してアタリを待とう。

梅雨明けには、思いがけない大ものが釣れる期待大だ。自宅でカルキ抜きをした水とエアーポンプを入れたクーラーを持参し、釣れたテナガエビを活かしておくと、持ち帰って美味しくいただくことができる。素揚げとビールの相性は最高！

ACCESS

クルマ

阪神高速 12 号守口線守口出口より約 10 分。R 1 を進み淀川新橋よりも上流側 1km 弱の木屋西交差点を左折、淀川に向かい堤防上を下流へ進む。

電車

京阪本線寝屋川市駅から京阪バス 11 系統太間公園行で太間公園下車、徒歩5分（乗車時間約 16 分）。
アクセスの詳細は「淀川河川公園 太間地区・点野野草地区」https://www.yodogawa-park.go.jp/annai/taima-simeno/ を参照。

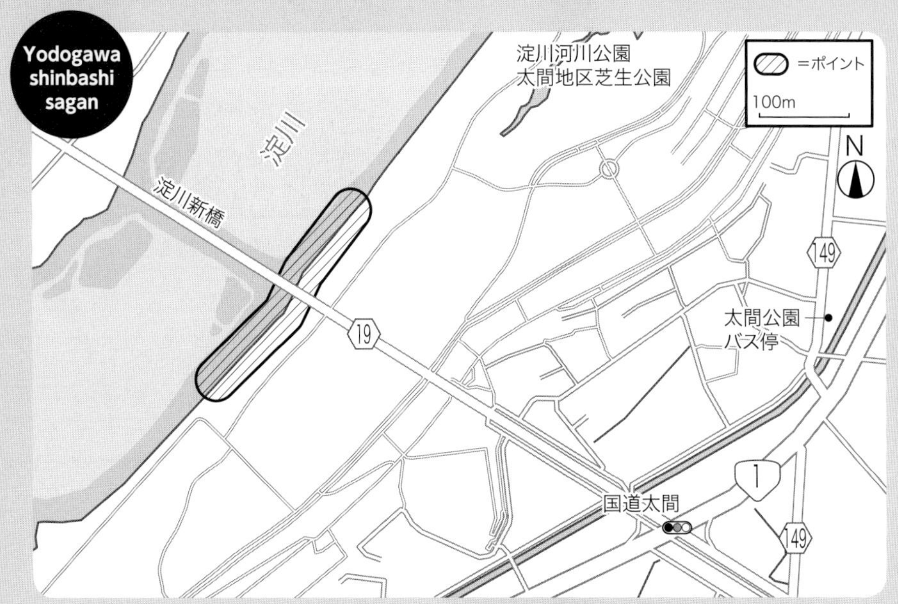

コンクリート護岸の所は足場がよい

淀川新橋の下はカネヒラの好ポイント

ほれぼれする美しさのカネヒラのオス

水深のある護岸エリア

大阪府寝屋川市

点野水路

カネヒラ、シロヒレタビラ

本流とつながっているこの水路には、水が通りだすと多くのタナゴ類が入ってくる。田んぼに水を引くための水路なので秋～冬は水が少なく、田植えが終わる5月中旬からが好シーズンになる。釣れるのはカネヒラがメインだが、なんといってもお楽しみはシロヒレタビラが混じることだ。

水門の開閉によって水の動きがあるところなので、ウキは少し大きめがよい。サオも1・8m以上はほしい。水深はだいたい1mくらいで底も見えている。釣り方は、その底ぎりぎりを流すのがよい。状況によっては足元でヒラを打つ姿が見える。そういう時はあまり前に出ず、足元を静かに流してみるとよい。

田んぼへの通水が合図

エサは黄身練りがメイン。黄身練りを何度か打ち込むことによって、匂いにタナゴが集まってくる。あまり歩き回るよりもじっくりと腰を据えて魚が集まってくるのを待ってみよう。ただし、コイなどが集まってくる場合があるのでエサの打ちすぎには要注意。

そうこうしている間に、突然シロヒレタビラのオスがやってくると大変興奮する。釣ったタナゴたちは、水汲みバケツで活かしておき、あとでじっくり観察してみるのも楽しい。

注意点として、水路付近には車を停める駐車スペースがないので、バスなどの公共交通機関を利用するか、クルマの場合は淀川河川敷等のパーキングに駐車し、必ず徒歩で行くこと。

住宅街の中にある水路なので、周囲の人にも注意してサオをだしたい。

下流域には水路沿いに小道があり、水都大阪の原風景を感じられる。自転車で散策するのもおすすめだ。

最後に、地名の由来について。この流域に住む人以外は点野を「しめの」と読めないだろう。点野は「標野（一般の立ち入りを禁じた皇室・貴人の占有地）」の意味で、宇多天皇が川向いの鳥養院で鷹狩をするときの猟場だったとされ、そのことに由来する。枚方市の禁野も同じ意味で、標野が〆野と書かれるようになり、のちに点野になったといわれている。

ACCESS

クルマ

大阪からＲ１を寝屋川方面へ。点野付近にはコインパーキングがないので注意が必要。

電車

京阪本線寝屋川市駅より京阪バスで20分（点野団地バス停下車）。京阪本線香里園駅からは京阪バス（タウンくる）で20分（点野国道口バス停下車）が便利。

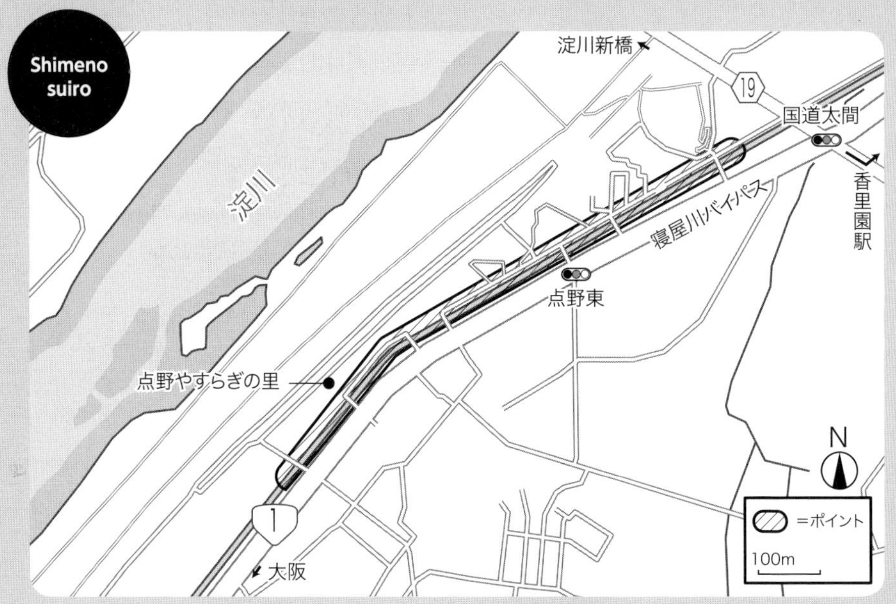

水門が開くと多くのタナゴたちが水路に入ってくる

水都・大阪を思わせる雰囲気のよい水路

ポイントが多いので１人でも仲間との釣行にも向いている

カネヒラの回遊の群れに当たると次々にアタリが出ることも

大阪府寝屋川市

淀川新橋下流左岸・点野ワンド

カネヒラ、タイリクバラタナゴ

このワンドは通常は下流に向かって入り口が開いているが、水が多い時は上流側からも水が流れ込む。台風や大水が出た後も地形の大きな変化が少なく、そのため小魚から大型魚まで、種類を問わず絶好の住処となっている。ヘラブナやブラックバスの好ポイントでもある。

タナゴ類やモロコ、ハエなどの小もの釣りは対岸の城北ワンド群に人気が集中しているが、タナゴの中でも大型で遊泳力のあるカネヒラは、夏から秋の産卵期には広範囲に移動するものだ。したがってこのエリアでも夏以降に大型のカネヒラをねらってみると面白い。

足元を静かにねらえ

タナゴは、沖をねらうよりもあまり前に出ず、足元付近を静かに探ってみよう。ヘラブナ釣りの人が釣っている脇の浅場にもタナゴは入ってきて釣果を得られる。カネヒラは石周りの水通しのよいポイント、タイリクバラタナゴは藻やオダの周りを探るとよい。

サオは水位で長さを変え、増水時は長ザオ、減水時は短ザオで障害物周りをねらう。タナゴ仕掛けに、エサはタナゴ専用のグルテン、黄身練り、アカムシなど。

タナゴはいきなり釣れることは少なく、アタリもすぐには出ない。そこでまずは魚を寄せるために、集魚力のあるグルテンを大きめにハリに付け、ポイントに何度も打ち込む。アタリが出なくてもウキが横に動いたりすると、下に魚が集まってきている証拠。そのうちウキに反応が出る。そうしたらエサを黄身練りやアカムシなどに変えみよう。魚の大きさによってエサの大きさを調整するのもコツの1つだ。

タナゴ以外にもクチボソ、ブルーギル、小ブナ、モツゴなどもたくさんいて、一日中いろいろな淡水小ものが遊んでくれる。大阪近郊で淡水小もの釣りを始める方には特におすすめしたい。最後に、人気の釣り場だけに早い時間から混雑するので、釣り人同士でトラブルがないように心掛けよう。

ACCESS

クルマ

大阪からＲ１を寝屋川方面へ。点野付近にはコインパーキングがないので注意が必要。

電車

京阪本線寝屋川市駅より京阪バスで20分（点野団地バス停下車）。京阪本線香里園駅からは京阪バス（タウンくる）で20分（点野国道口バス停下車）が便利。

城北ワンドと並んで人気の点野ワンド

婚姻色が美しいカネヒラのオス。カネヒラは淀川水系の秋の小もの釣りの代表格だ

地形変化が少なく通年いろいろな魚が釣れる

増水すると上流部からも水が流れ込む

関東ではオカメの愛称で親しまれるタイリクバラタナゴにも会える

大阪府寝屋川市

鳥飼仁和寺大橋左岸

マブナ、ヘラブナ、オイカワ（ハエ）

他の魚種
ブラックバス・ナマズ・ブルーギル・モロコ・コイ

シーズン 4～10月

春の乗っ込みシーズンが醍醐味

ここはヘラブナファンが多く集まる人気ポイント。本流の流れの影響を強く受けるので水通しがよく、大型のフナやコイが入って来る。また小さなワンドも点在するので、ウグイ、オイカワ、モロコなどの小型の魚も多くいる。

ヘラブナをねらうのならサオは10尺。エサはヘラブナ専用の練りエサがよい。

足元の護岸付近でモロコなどの小魚をねらう場合は、エサ取りが多いのでアカムシが効果的。1・8mのタナゴザオか清流ザオに、タナゴなどの連動シモリ仕掛けがアタリも出やすく、釣りやすいのでおすすめだ。

オイカワ（ハエ）の場合、練りエサもしくは持ちのよいサシを使うとよい。サオは3・6m以上の渓流用、仕掛けは市販のウキ釣り仕掛けでよいが、できれば感度のよい棒ウキを使いたい。また、オイカワを集めるために寄せエサを効果的に使う。食わせエサはマルキユーのヤマベチューブハエなども使いやすい。ポイントはワンドの入り口など。

また、この釣り場は春の乗っ込みシーズンに大型のマブナが入ってくる。今回のメインターゲットで、5・4mくらいのノベザオにシモリウキ仕掛けが感度もよく釣りやすい。ハリは2本バリ。キジバリ7号がおすすめだ。エサはミミズを2～3匹付けてアピールを高めるとよい。ポイントは、ワンドの中でも水の詰まった奥よりは本流に近いワンド入口側が期待できる。

秋口などの大水が出た後はワンドが小魚の避難所になり、魚が溜まっている場合がある。ただし、近年は大型台風や大雨で毎年地形が変わるため注意が必要だ。また、去年釣れたポイントが今年は釣れない、埋まっている場合などもある。これは淀川全般にいえることだ。

ここは上下流とも好ポイントが続く人気のエリアに挟まれており、比較的釣り人の姿も少なくのんびり楽しめる。機動力のある自転車釣行も面白い。

ACCESS

クルマ

阪神高速12号守口線守口出口より約5分。R1仁和寺本町交差点を左折して淀川河川敷へ。駐車場あり。アクセスの詳細は淀川河川公園 仁和寺野草地区 https://www.yodogawa-park.go.jp/annai/niwajiyasou/ を参照。

水深があるワンドの入り口側はヘラブナ、マブナの好ポイント

ワンドの奥側は小魚ねらいによい

本流もアシ際にはオイカワなどがつきやすい。ただし毎年地形が変わるので注意

大阪府大阪市

菅原城北大橋下流右岸

ヘラブナ、コイ、カネヒラ

他の魚種
ブラックバス・ブルーギル・ナマズ・
シロヒレタビラ・オイカワ・モロコ
シーズン
4〜10月

淀川下流域にはいくつかワンドがあり、大きな石積み護岸も見られる。当然、これらの石積み周りが魚のつき場となることが多い。比較的足場のよい所が多く、ブラックバス釣りを楽しむ人もたくさんいる。ルアー釣りをする人、エサ釣りの人、お互いトラブルのないように、とにかく声をかけあって気持ちのよい釣りを心掛けよう。

コイ釣りの場合、本流に近い水深のある場所がポイント。中型くらいまでならノベザオのウキ釣りでもよい。大型をねらうなら、しっかりとしたリールザオで吸い込み釣りをおすすめする。仕掛けは市販のものでよい。食わせのハリにはミミズなどを付けるのも効果的だ。

石積み護岸とアシが織りなす釣り場

ヘラブナは15尺から21尺までの、比較的長めのサオで水深のあるポイントをねらうこと。食わせにはエサ持ちのよいグルテンがよいだろう。

タナゴ類やモロコ、ハエなどの小ものの釣りは対岸の城北ワンド群に人気が集中しているが、タナゴの中でも大型で遊泳力のあるカネヒラは、夏から秋の産卵期には広範囲に移動するものだ。したがってこのエリアでも夏以降に大型のカネヒラをねらってみると面白い。

カネヒラは初夏から接岸し始めるので7〜10月がシーズン。群れの移動は非常にきまぐれでポイントがコロコロ変わるため、広範囲を丹念に探っていく釣りになる。サオは1・8mまでのタナゴザオがよい。仕掛けは連動シモリ仕掛けか、市販のタナゴ仕掛け。エサはアカムシもしくはタナゴ用グルテン、黄身練りなど。

カネヒラがいれば、水深の浅い所でヒラ打ちしている姿が見られる。そのようなポイントを見つけて仕掛けを投入すれば、間違いなく釣れるだろう。

釣り場は台風や大雨などで大水がでた後は状況が大きく変わることがある。特に濁りや水位によって魚の付き場が変わるので注意したい。

ACCESS

クルマ

阪神高速12号守口線城北ICを降りて左折し菅原城北大橋方面へ。駐車場は近くのコインパーキングを捜すとよい。

電車

JRおおさか東線淡路駅から徒歩約35分。

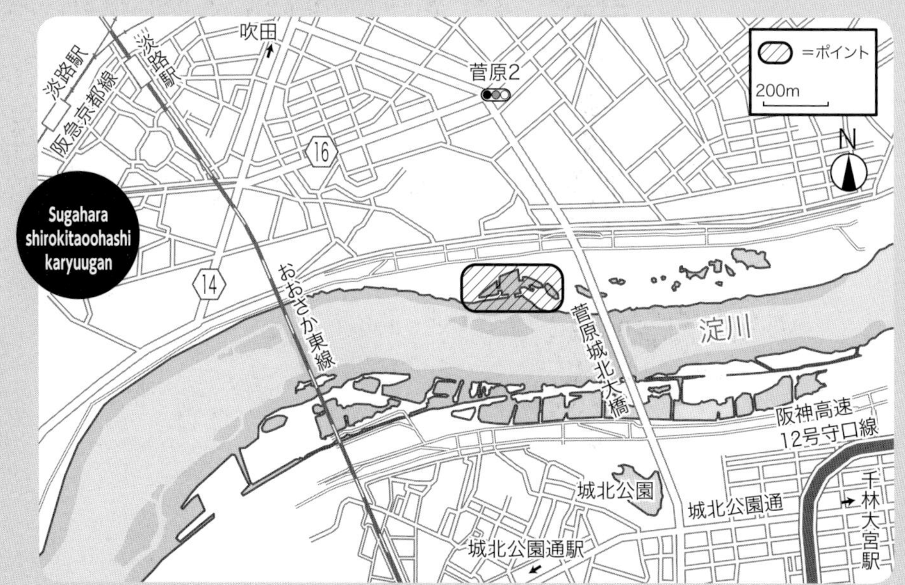

対岸の城北ワンドよりは人が少ない。またバスフィッシングの人気エリアでもある

ヘラブナやコイねらいには、水深がありアシが絡む場所がポイントになる

タナゴは石積み周りをチェック！

大阪府大阪市

菅原城北大橋左岸ワンド群

カネヒラ、シロヒレタビラ

1971年、大阪市の高校生により絶滅したと思われていたイタセンパラがこの城北ワンドで再発見され、これを機に国の特別記念物に指定された。同ワンドは、増水後も大きな地形変化が少なく、水没することがあってもその後の地形変化は少ないので多くの魚たちの住処となっている。ヘラ、コイ、フナ、カネヒラ、シロヒレタビラ、タイリクバラタナゴ、スゴモロコ、タモロコ、ホンモロコ、クチボソ、オイカワ、ケタバス、ブラックバス、ブルーギル、カワヒガイ、ゼゼラなど、関西で釣れる淡水魚の宝庫といっても過言ではないだろう。ゆえに釣り方もたくさんあるので、思い思いの方法で楽しむのが面白い。なかでもシロヒレタビラは釣れた時の感動が大きい。特に春先、鮮やかな婚姻色の出たオスの姿は圧巻。ボディーはメタリックブルーに輝き、シロヒレタビラの語源でもある真っ白な尻ビレに黒い縁取りのコントラストがなんともいえない魅力だ。

淡水小ものの宝庫！

ただし絶対数が少ないので、より手軽にタナゴ類を釣りたいのであれば初夏以降のカネヒラをおすすめしたい。年によってばらつきはあるが、夏以降は群れで泳ぎ回り、石積みのあるワンドでは足元で回遊を見ることができる。

ヘラブナは大半のワンドでねらえるが、比較的水深の浅い場所が多いので15尺以上のサオを用意したい。

シロヒレタビラは春が産卵シーズンで3月中旬以降～5月に接岸する。その時期が釣りやすく、婚姻色豊かなオスにも出会える。ワンドの中でも、本流と直接つながっていないほうが水温の上昇が早く、シーズンは早いようだ。足元が石積みとなっているところが好ポイントで、4～7尺のサオでねらうとよい。エサは初期ほど動物質のものを好むので、アカムシを中心に市販のグルテンエサを使い分ける。

カネヒラは秋産卵だが、新子は6月頃からワンドの各所に接岸し始める。シロヒレタビラ同様、石積み周りをねらう。9月以降～10月にかけては、10㎝程度に育った婚姻色豊かなカネヒラをねらえる。また秋はカネヒラねらいでシロヒレタビラが混じることも多い。

ファミリーや子供向けにはより手軽なモロコ類をおすすめする。シーズンは3月中旬～10月。スゴモロコを中心にタモロコ、モツゴなどさまざまな種類に会える。仕掛けはシンプルなウキ釣り、サオは子供でも扱いやすい6尺くらいで充分だ。

ACCESS

クルマ

大阪方面から城北公園通で菅原城北大橋を目差し、城北公園前交差点を左折。駐車は付近のコインパーキングを捜す。

電車

おおさか東線城北公園通駅、おおさかメトロ谷町線太子橋今市駅から徒歩約 15 分。
アクセスの詳細は、淀川河川公園城北河畔地区 https://www.yodogawa-park.go.jp/annai/sirokitakahan/ を参照。

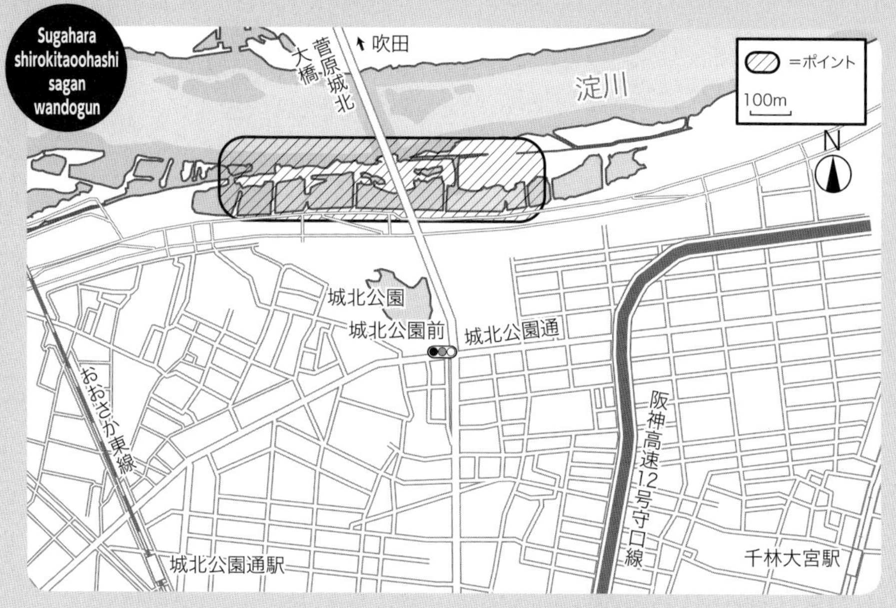

大都会のオアシス、城北ワンドは足場がよく、魚種も多彩

大阪市内と北摂をつなぐ菅原城北大橋。橋の手前が城北ワンド。

環境保護に努める多くの人の努力でワンドの生態系が守られている

シロヒレタビラ。大都市の近くでこんなに美しい魚に出会えるのが淀川の魅力

大阪府大阪市

おおさか東線鉄橋・左岸クリーク

シロヒレタビラ、カネヒラ、ヘラブナ、コイ、モロコ類

他の魚種
ブルーギル・ブラックバス・モロコ類・オイカワ
シーズン
3月中旬～10月
11 12 1 2 3 4 5 6 7 8 9 10

このクリークは本流と直結で、春の産卵シーズンには本流からヘラブナ、コイ、モロコ類、タナゴ類などが入ってくる。本流直結だけに城北ワンドよりも水温上昇が遅く、年によって魚の入ってくる時期がずれるので注意が必要。まとまった雨の後、濁りが出たり水位が上昇した時に群れで移動してくることが多く、特に春先は暖かい雨の降った時が絶好のねらいめだろう。

　クリークの各所には桟橋状の台が設置されており、空いていれば誰でも自由に利用することが可能。けっこう大きいので足場がよく釣りやすい。

淀川本流直結のクリーク

　水際に柳が生えている場所があり、そういった所が好ポイントとなる。エサ釣りのほかブラックバスねらいのバサーも非常に多い。トラブルを防ぐ意味でも、ポイントを譲り合い、お互いに声をかけるなどして気持ちよく釣りを楽しみたいものだ。

●タナゴ類　クリークは比較的水深もあるが、下流部の毛馬閘門（こうもん）の放水次第では水位が変わることがある。減水が激しい時は期待薄となる。足元から比較的水深があるのであまり長いサオは不要。5～7尺で充分だ。緩い流れがあるのでタナは底を少し切り、自然に仕掛けを流す釣り方となる。

　エサは、シーズン初めはやはり動物質のアカムシに分があるが、ハイシーズンになれば集魚力のあるグルテンか、黄身練りを使うのもよいだろう。

●ヘラブナ　本流から乗っ込んでくる大型が期待できるが、川幅はさほど広くないのでサオの長さは8～12尺でよい。食わせエサは、やはりグルテンに分がある。

●コイ　川幅が狭く、さほど水深もないので吸い込み釣りよりもノベザオのウキ釣りでねらうのがよいだろう。

●モロコ類ほか　タナゴ類の外道で釣れることが多く、本命としてねらう場合は当然タナゴの仕掛け、釣り方に準ずる。

ACCESS

クルマ

阪神高速12号守口線城北出口から約10分。大阪市立桜宮高校を目印に淀川方面に進み、堤防上から駐車場へ。

電車

ＪＲおおさか東線城北公園通駅から徒歩約10分。
アクセスの詳細は、「淀川河川公園赤川地区」https://www.yodogawa-park.go.jp/annai/akagawa/ を参照。

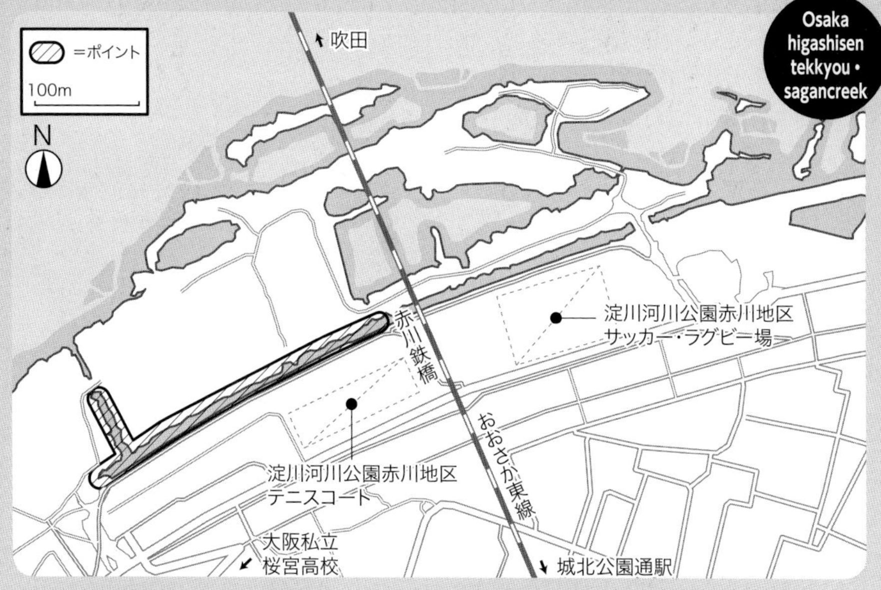

こちらはシロヒレタビラのメス。ポケットサイズの魚類図鑑を持参していろいろ見比べるのも楽しい

婚姻色が美しいシロヒレタビラのオス

桟橋状の台を利用してサオをだす。春はシロヒレタビラ、秋はカネヒラが足元で遊んでくれる

大阪府大阪市

大川合流・毛馬閘門付近

コイ、マブナ

海からの遡上魚も姿を見せる

毛馬水門（毛馬水門・毛馬閘門（こうもん））は淀川と旧淀川（大川・堂島川・安治川）を隔てる水門で、明治29年に淀川改修工事の際に計画され、明治40年に完成した。昭和49年にはその周りが公園施設として整備され、現在に至る。国の重要文化財に指定され、多くの観光客が訪れる場所でもある。

釣りの好ポイントとしても知られ、多くの釣り人で賑わう。淀川からはコイやマブナのほか、シーバス、チヌ、アユなど海から遡上する魚も姿を見せ、多種多彩な魚種に会えるのも魅力の1つだ。付近にはトイレも整備されており、家族連れや初心者でも安心して釣りが楽しめる。

川幅が広いので、ノベザオよりもスピニングタックルの投げ釣りが有効。サオはシーバスやバス用のもので充分。釣り方は、市販の吸い込み仕掛けを使用し、エサは集魚力のあるコイ専用の練りエサがよい。食わせバリにミミズを付けると、コイ、マブナ以外の魚も釣れることがある。1本または2本ザオでアタリを待ってみよう。サオ先に専用の鈴などを付けておくと、遠くにいてもアタリが分かる。鈴が鳴ると何ともいえない興奮を味わうことができる。

コイ、マブナのシーズンはやはり春から初夏、そして秋がおすすめ。置きザオでのんびりアタリを待つのもよいだろう。アタリがなければ定期的に仕掛けを回収してエサをこまめにチェックし、コイやフナが集まるポイントを作っていくとよい。アタリがないからといって、いろいろな場所にエサを投入するよりも、同じ場所に何度も投入することがキモになる。

思いがけない大ものが来ることもあるので、できればタモも用意しておくとよい。釣り人が多い場所なので、分からないことがあれば地元の人に聞いて情報収集するのもよい。大阪市内中心部からも近く、市内に住む人は短時間で釣りができる。

ACCESS

クルマ

大阪から城北公園通で大川方面に進み、毛馬橋東詰を左折。駐車は近くのコインパーキングを利用。

電車

大阪駅前から大阪シティバス 34 号系統守口車庫前行で毛馬橋下車（乗車時間約 13 分）、徒歩約 10 分。
アクセスの詳細は「淀川河川公園毛馬地区」https://www.yodogawa-park.go.jp/annai/kema/ を参照。

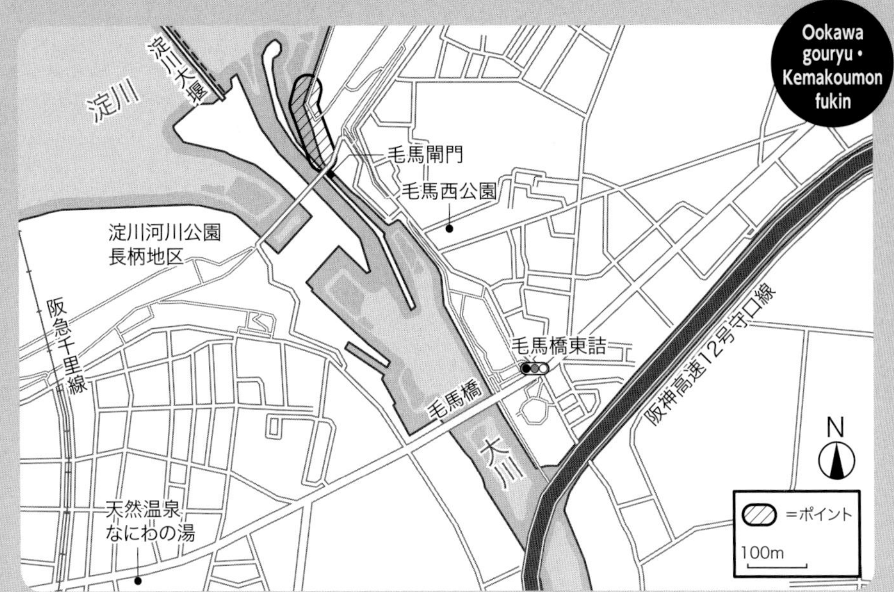

毛馬閘門。その歴史も興味深い

ポイントの毛馬閘門側から淀川大堰を望む

淀川大堰の下流側もよく整備されており釣りやすい

大阪府大阪市

長柄橋下流左岸

テナガエビ

他の魚種
ハゼ・キチヌ(キビレ)

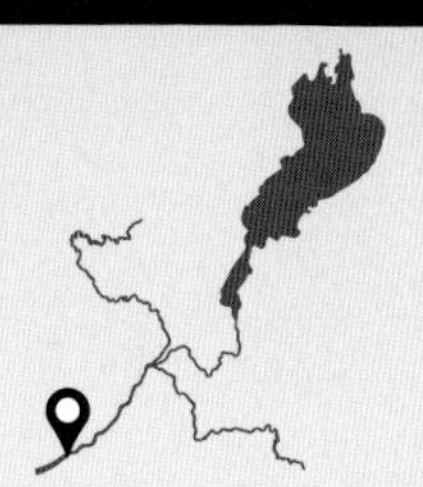

淀川は、長柄橋上流の淀川大堰を境に淡水と汽水域に分かれる。この淀川大堰までは、大阪湾からボラやスズキ、キチヌなどの魚たちが人工の放水路（新淀川）を遡上してくる。

汽水域側となる長柄橋下流左岸は、消波ブロック帯のポイント。

比較的安全な足場ではあるが、消波ブロックは滑りやすく、また水深もあるので、子供連れの場合はライフジャケットや滑り止めのついた靴を履かせるなどの対策をして、目を離さないように気を付けよう。

汽水域エリアのテナガフィールド

周辺には駐車場がたくさんあるのでアクセスはとてもよい。

テナガエビは5月の大型連休頃から釣れだす。上げ潮から下げ潮に向かう時間帯がベストだ。テナガエビは消波ブロックなどの物陰に潜んでいることが多いので、それらが積み重なった隙間を探っていく。また、暗い所を好む習性があり、同じ隙間でもゴミや流木などがたまった薄暗い箇所をねらうのがよいだろう。エサはアカムシがメイン。イシゴカイでもよい。

サオは足元を釣る時は60～90㎝の短めがよい。消波ブロックの外側をねらう時は１５０～１８０㎝はあったほうがよいだろう。仕掛けは一般的な市販のテナガエビ仕掛け（シモリウキ仕掛け）。

エサが水中に浮いているとあまり釣れないので、底に仕掛けを這わせるのがコツ。テナガエビは安全な場所までエサを運んでいく習性があるので、横にシモリが動いたら、少し待ってからゆっくり合わせよう。早アワセは厳禁だ。思いがけない立派なサイズが釣れることもある。また、テナガエビの口に掛かったハリは外しにくいので、釣行の際は必ずピンセットを持参するとよい。

ACCESS

クルマ

府道 14 号を長柄橋方面へ。駐車場は近くのコインパーキングを探すと便利。

電 車

大阪メトロ谷町線天神橋筋六丁目駅下車、徒歩約 15 分。大阪駅から大阪シティバス 34 号系統守口車庫前行で長柄西下車、徒歩約 10 分（乗車時間約 10 分）。
アクセスの詳細は「淀川河川公園長柄地区・長柄河畔地区」https://www.yodogawa-park.go.jp/annai/nagara-kahan/ を参照。

消波ブロックが延々と続く釣り場

しっかりとハリ掛かりしたテナガエビ。ピンセットがあるとハリを外しやすい

小さな子供連れの場合、ライフジャケットは必須。足元も滑りにくいシューズを履かせて、子供から目を離さないように

大阪府大阪市

JR京都線鉄橋左岸

テナガエビ

他の魚種
ウナギ・チヌ・ハゼ

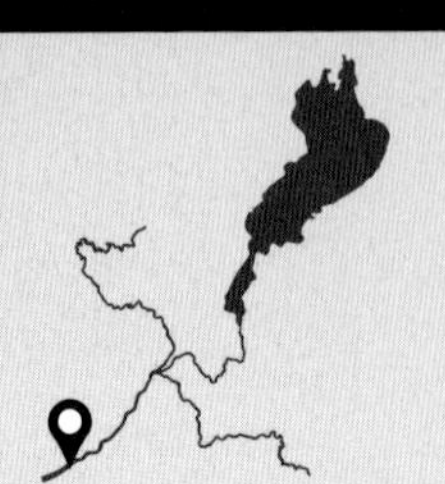

大阪と京都を結ぶＪＲ京都線。一般には東海道線といわれ、多くの電車が行き交う。車窓から見える鉄橋付近の風景は、関西の人にはとてもなじみのあるものだが、実は橋の下にテナガエビの好ポイントがあることは、ほとんどの人が知らないだろう。電車好きの子供がいるお父さんにもおすすめのポイントだ。

消波ブロックのほか、石積みが続くエリアとゴロタ石が続くエリアが存在する。長柄橋のテトラ帯とはまた違ったポイントとなる。干潮になるとポイントがはっきりしてくるので初心者にはおすすめだ。また、電車が通る鉄橋下は常に日陰になっていて日中でも涼しいので、暑い時期にも釣りやすい。

隙間の奥からロングアームを誘い出す

満潮から下げ潮になり水位が下がり出すと、水面下のゴロタ石や流木が見えるようになる。それらの陰などにテナガエビは潜んでいる。したがって満潮から下げに向かう時間帯がおすすめだ。サオは広くポイントを探れるように1・8ｍ以上のものを用意したい。仕掛けは一般的な市販のテナガエビ仕掛け（シモリ仕掛け）でよい。エサはアカムシがメイン。この辺りは川幅がかなり広く、干潮でも川の流れは比較的緩やかでとても釣りやすい。

テナガエビがいるかどうかの見極め方だが、物陰や隙間に流木などがある所は、そこにテナガエビがいると考えてよい。アタリがある隙間は、同じ場所に何匹かいることが多いのでじっくりねらおう。そうでなければテンポよく移動し、より多くのポイントを探るほうが釣果は上がるだろう。

アタリがあってもすぐに合わせてはいけない。魚と違いテナガエビはその場ではなく、自分の住処に戻ってからエサを食べる。したがって、ウキがゆっくり動いてからしばらく待って合わせると、特徴的な小気味よい引きが伝わってくる。

ここは8～10月まではハゼ釣りの好ポイントとしても知られる。ハゼの場合はアワセが遅いと逆にエサを取られるので注意。

ACCESS

クルマ

大阪からはＪＲ京都線に並行して淀川方面を目差す。駐車は近くのコインパーキングを利用。

電車

対岸の阪急京都線南方駅で降りて新淀川大橋を渡るほうが近い。

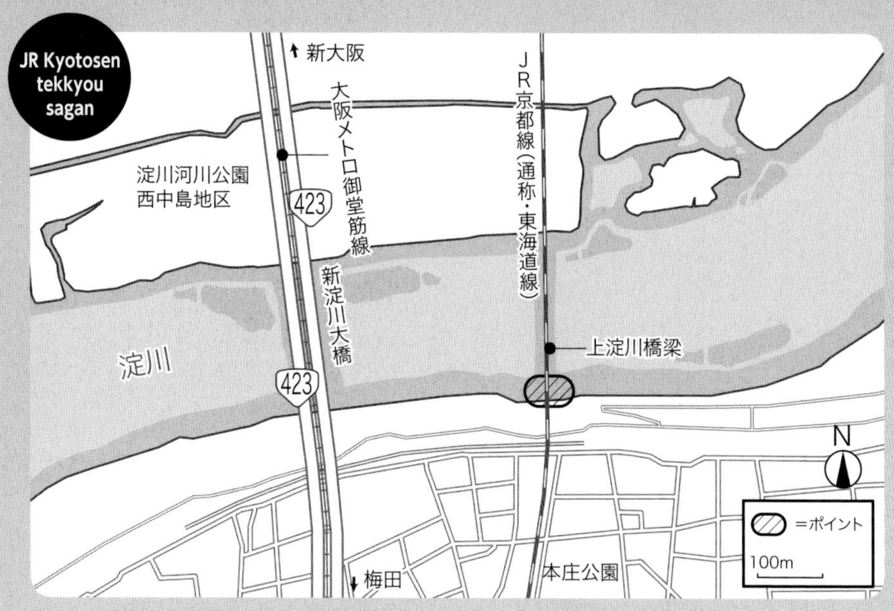

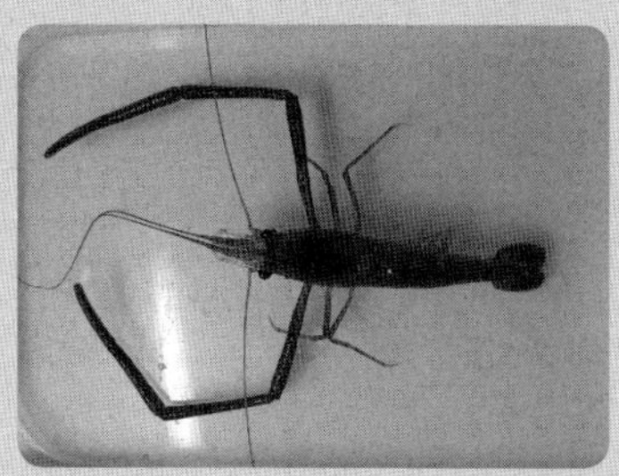
梅雨の本格シーズンにはこんなロングアームもねらえる

電車好きにはたまらないポイント

潮が引いた後の消波ブロックや岩場は滑りやすいので注意

こんな隙間をねらっていこう

大阪府大阪市

十三大橋下流右岸

ハゼ

阪急電鉄十三駅から徒歩15分の好アクセスポイントである。河川敷の土手には多くのマラソンランナーが走っている姿が見られ、都会のオアシスといえるだろう。対岸には梅田周辺の高層ビルがそびえ、そんな風景を眺めながらのんびりと釣りを楽しめる。

ハゼはオーソドックスにエサ釣りでももちろんよいのだが、最近話題になっているハゼのルアーフィッシング「ハゼクラ」にチャレンジしてみるのも面白いだろう。ルアーを投げて巻くだけで簡単にハゼが釣れる、初心者や子供にもおすすめの釣りだ。足場がよく、比較的水が澄んでいる場所を捜して、ハゼクラ専用の小型のクランクベイトを投げてハゼを誘おう。

話題の「ハゼクラ」にチャレンジ

ハゼは砂泥底にいる魚なので、自然と底ねらいになる。次に水深だが、使用するルアー＝クランクベイトの潜行深度で底付近を引ける浅めの場所がおすすめだ。そのような場所を見つけてルアーをそっと通すと、活性の高いハゼが果敢にルアーにチェイスしてくる。

タックルはライトゲーム用でハゼ用クランクを投げられるものであれば問題ない。一例をあげると、アジング用ロッドに2000番クラスのスピニングリールがおすすめ。1000〜2500番でも問題はない。ラインはPE0・6号、リーダーはフロロカーボン3LBを30㎝ほど。

ハゼがチェイスしてくる姿が見えたら、そこを集中して釣る。いろいろなアクションを加えることで、ハゼのアタックも変わってくる。アタリがあるのになかなかハリに掛からない！　という時はアシストフックをテールフックに装着するのもよいだろう。最近ではハゼクラ専用のアシストフックも市販されているが、アジング・メバリング用のものでも問題ない。

とにかく底にいる魚なので、川底を一定スピードで引いてくることが重要となる。ルアーにアタックしてくるハゼは比較的良型が多い。意外とびっくりするような引きが楽しめる。

最後に、電車で行く場合、十三駅周辺にはおいしいラーメン店や居酒屋もたくさんあるので、帰りに寄ってみてはいかがだろうか。

ACCESS

クルマ

大阪方面からR176で淀川を越える。駐車は十三駅周辺のコインパーキングが便利だ。

電車

阪急電鉄十三駅から徒歩15分。

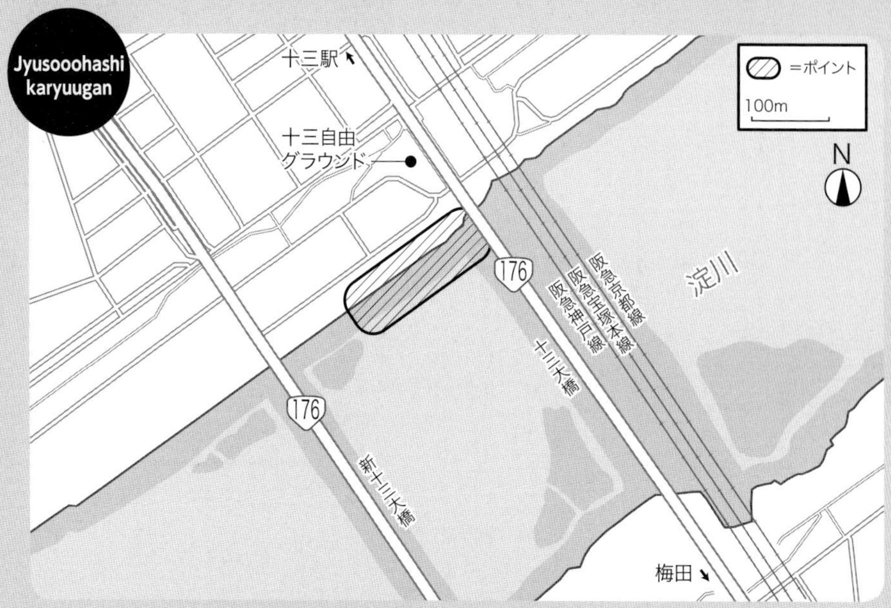

釣り場風景。十三駅から近いので電車釣行がおすすめ

ハゼクラは石などの障害物がない場所がやりやすい

干潮時に川を観察しておくとポイント攻略のヒントが得られる

大阪府大阪市

姫島駅周辺・右岸船溜まり

テナガエビ、ハゼ、シジミ

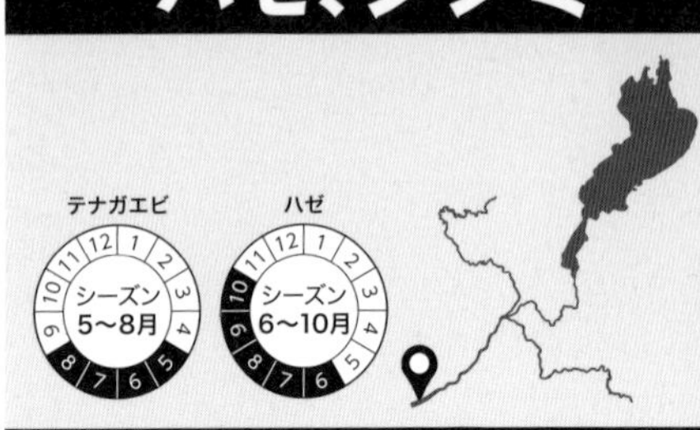

阪神本線姫島駅から徒歩10分の好アクセス。周囲にはコインパーキングも多く、淀川下流エリアでは一番エントリーしやすい。足場もよく安全なので、家族連れや初心者には最もおすすめできる場所だ。鉄橋より上流側はテトラ帯、鉄橋周辺は小さなワンドで、砂地やゴロタなどがあり変化に富む。さらに下流は石積みが続く。それだけにシーズンや状況に応じたポイント選びが重要になる。

テナガエビの場合、消波ブロック帯ではブロックの穴をねらうのでサオは比較的短め。水深も浅い所が多く、1・5mもあれば充分だ。

潮干狩りと合わせて一石二鳥

日が当たる時間帯は物陰に潜んでいることが多いので、ゴミや流木が溜まっているブロックの穴をねらうとよいだろう。

仕掛け投入後、30秒〜1分カウントして変化もアタリもなく、エサがついたままならそこにはいないと考え、別のポイントを探る。その繰り返しが効率のよい釣り方だ。アタリがあったポイントには何匹も潜んでいる可能性があるので、じっくりねらう。このように移動が多いため、道具はウエストバッグなどにコンパクトにまとめたい。そして、釣れたテナガエビを入れておくバッカンなどを片手に釣り歩くスタイルになる。また、釣ったテナガエビを美味しくいただくには、自宅から真水を入れたクーラーを持っていくとよい。

タイミングは潮位の低い時がチャンス。満潮に近い時間帯はあまり釣果は上がらないだろう。下げ潮のほうが穴の奥に潜んでいたテナガエビが沖に出てくるので、その間がねらいやすい。また、場所は橋下のワンドくらいまでが実績が高い。

ハゼは6月以降になれば10㎝前後の新子がテナガエビと同じ仕掛けに混じりだす。専門にねらうなら、テナガエビが終わるお盆明けから秋にかけてがサイズも大きくなるのでよいだろう。釣ったハゼは天ぷらなどで美味しくいただける。

またあまり知られていないが、近年は水質がよくなり船溜まりで淀川産シジミもよく採れる。大阪市のブランドシジミで通称「べっこうシジミ」と呼ばれ人気がある。潮干狩りのセット持参で、満潮時から下げ潮にかけてテナガエビを釣り、最干潮時にシジミを採るプランで一日中遊べる。時期によっては貝毒が出る可能性があるので大阪市のHPを確認してから楽しもう。

ACCESS

クルマ

神戸、大阪市方面とも各道路で姫島駅を目差す。駐車は駅周辺のコインパーキングを利用。

電車

阪神本線姫島駅から徒歩10分。

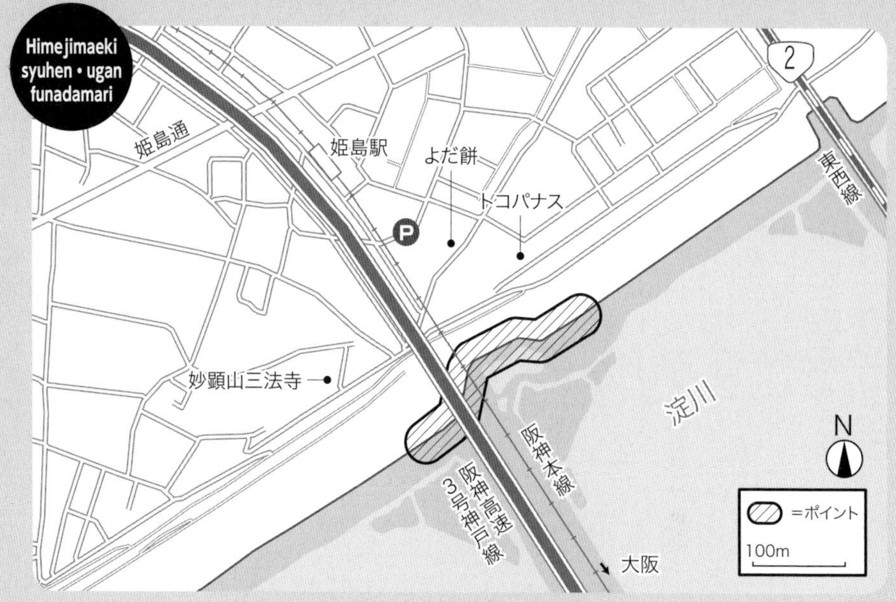

良型のテナガエビは引き味も最高

鉄橋下のワンドはいろいろな障害物があり、格好のテナガエビスポット

大阪のブランド、「べっこうシジミ」の潮干狩りも楽しめる

たくさんの人が来ても余裕の広さ

大阪府大阪市
新伝法大橋下流左岸
テナガエビ、ハゼ

大阪と神戸を結ぶＲ43の新伝法大橋。橋に近い所の岸際は消波ブロック帯となっている。足場も悪くあまりおすすめはできないが、下流に行くと石積みエリアがあり、こちらは比較的足場がよい。ここでのテナガエビをねらうタイミングは上げ潮、下げ潮にかかわらず潮の動いている時間帯がよい。また河口エリアにかなり近く、海水魚が釣れる可能性もあって面白い。

5月から初夏にかけてはテナガエビ、それ以降8～10月はハゼがメインになる。

季節で主役が変わる

特に9月以降は大型のハゼも混じることがある。

テナガエビのタックルだが、やはり広範囲が探れる長ザオのほうがよいだろう。仕掛けは、一般的な市販テナガエビ仕掛け（シモリ仕掛け）。エサは、アカムシもよいが濁りが入った時はイシゴカイやミミズなど、匂いのきついエサがおすすめ。

ポイントは底に変化のある場所がよく、石の陰や流木など障害物のある所。消波ブロックの穴も重点的にねらうとよい。テナガエビのアタリは、まずウキがスーッと動きだす。魚と違ってその場でエサを食べず、自分の住処に戻ってから捕食する。そこで、ウキが動いて少し経ってからゆっくりサオを立てる。掛かっていればテナガエビ独特の引きが楽しめる。あまり硬いサオだとバレることがあるので、少し軟らかい調子のものがよい。

ハゼはウキ釣りやミャク釣りなどでも簡単にねらえる。仕掛けは市販品でＯＫ。最近話題のハゼ用の小型クランクベイトを使ったハゼクラ（ハゼ用の小型クランクベイトを使ったルアー釣り）でも釣れるので、チャレンジしても面白い。また、ここはチヌ・キビレのルアーゲームの好ポイントでもあり、5～10月にかけてキビレを中心にしたルアーフィッシングが楽しめる。ジグヘッドにワームをつけて底をずる引きすると、思いがけない大型のキビレが釣れるかもしれない。

左岸エリアを大阪湾に向かって行くと、北港エリアの商業施設に近いので、釣りの帰りに食事や買い物などで立ち寄るのもよいだろう。

ACCESS

クルマ
Ｒ43で伝法大橋南詰へ。駐車は近くのコインパーキングへ。

電車
阪神なんば線伝法駅から徒歩5分。

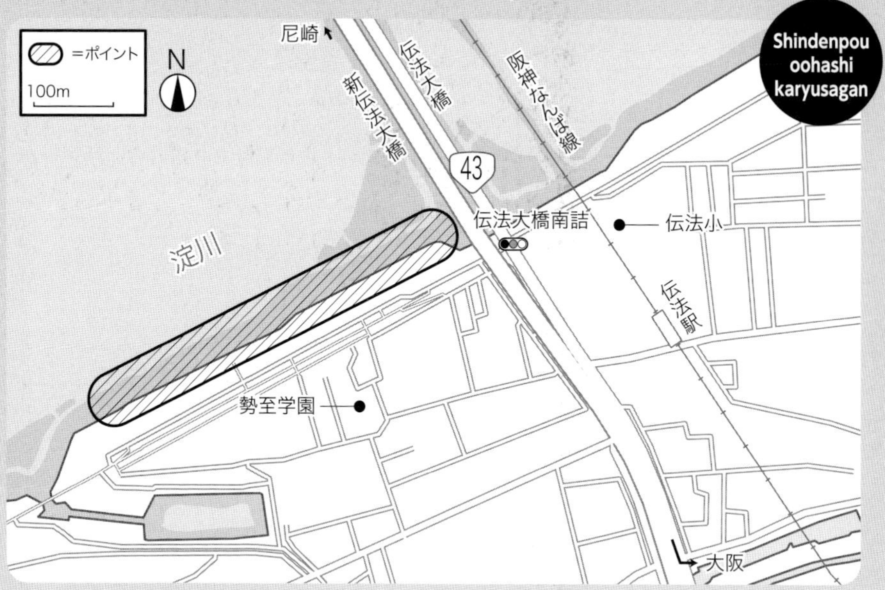

消波ブロックが続く間のワンド状の場所が好ポイント

夏以降はハゼの釣り場としても人気

テナガエビはネットに入れておくと弱りにくい

エリアMAP 猪名川エリア

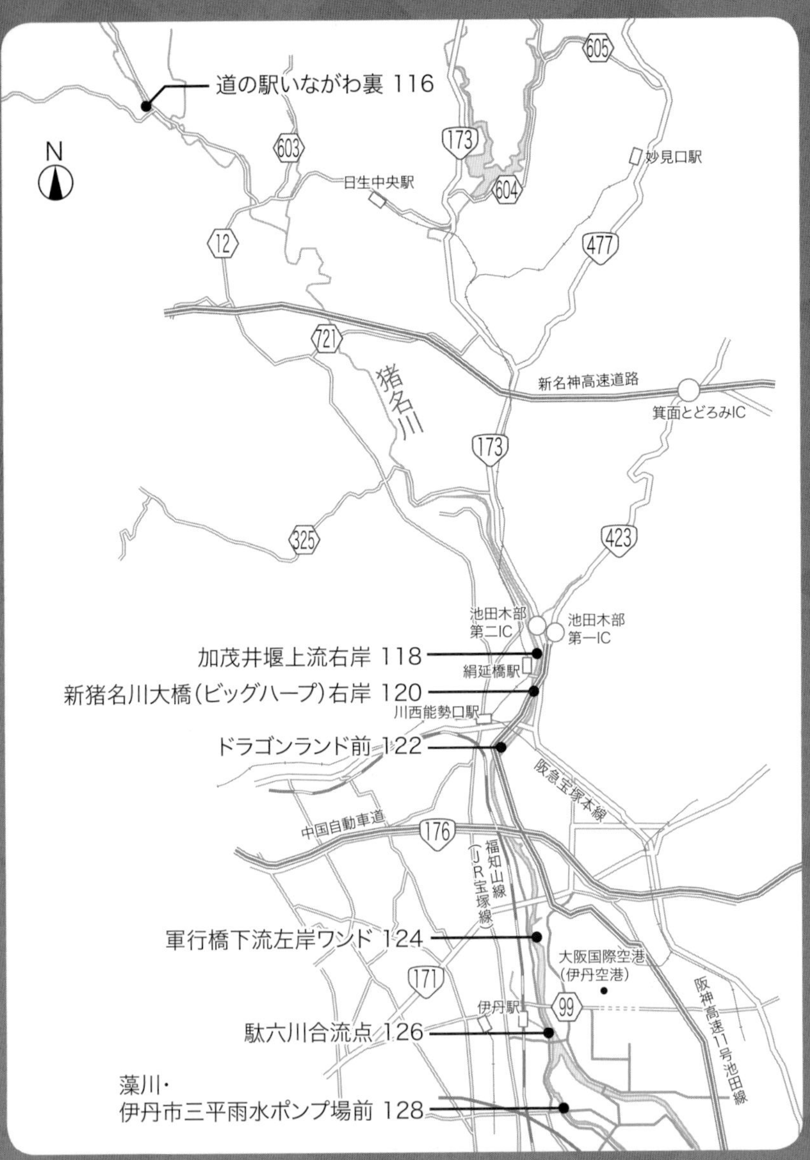
道の駅いながわ裏 116
N
603
173
605
妙見口駅
日生中央駅
604
12
477
721
猪名川
新名神高速道路
箕面とどろみIC
173
325
423
池田木部第二IC
池田木部第一IC
加茂井堰上流右岸 118
絹延橋駅
新猪名川大橋(ビッグハープ)右岸 120
川西能勢口駅
ドラゴンランド前 122
阪急宝塚本線
中国自動車道
176
福知山線(JR宝塚線)
軍行橋下流左岸ワンド 124
大阪国際空港(伊丹空港)
171
伊丹駅
99
阪神高速11号池田線
駄六川合流点 126
藻川・
伊丹市三平雨水ポンプ場前 128

エリアMAP 大阪市街エリア

エリアMAP 武庫川エリア

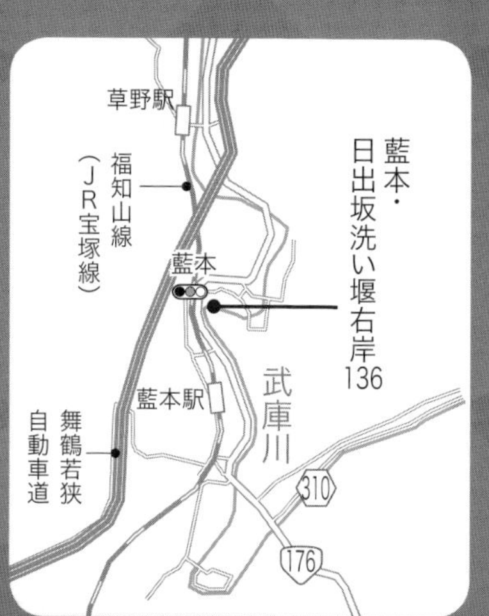

エリアMAP 紀ノ川エリア

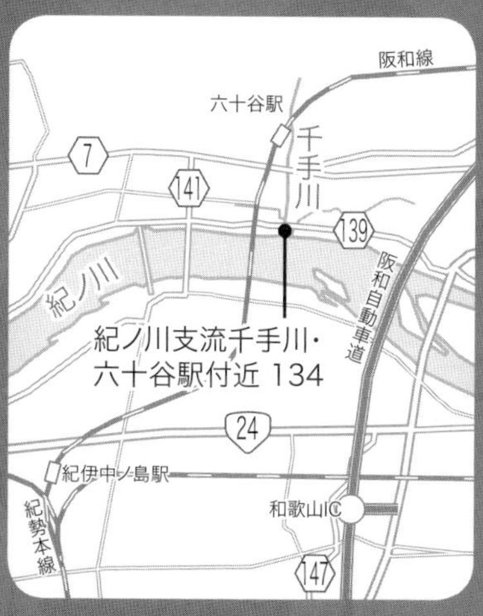

兵庫県川辺郡

道の駅いながわ裏

オイカワ（ハエ）

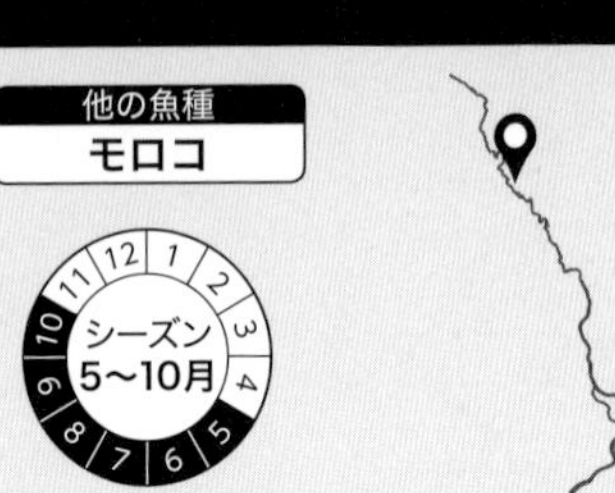

兵庫県猪名川町にある「道の駅いながわ」は、地元野菜の直販所やレストラン、蕎麦打ち体験などが楽しめる人気スポットだ。大阪、神戸から近く、週末には多くの観光客が訪れる。その横を流れる猪名川は、町内の大野山を源流とし、池田市、川西市、伊丹市の大阪空港をかすめて神崎川に合流、淀川から大阪湾に注ぐ延長約43kmの一級河川である。

今回紹介するエリアは水質もよく、天然記念物・オオサンショウウオの姿も見られる清流で、ゴールデンウイーク頃から小魚の適水温となり活性が上がる。メインターゲットはオイカワ。関西ではハエという愛称で親しまれており、冬場のハエ釣りは寒バエ釣りとして人気がある。近年は河川環境の悪化やカワウなどの影響で、関西でも少なくなってきている貴重な魚だが、このエリアにはまだ魚影が多く、釣りが楽しめる。

オオサンショウウオも棲む清流

道の駅裏にある「さほひめ公園」下は足場がよく、釣りに最適。流れも緩やかで、夏場は川に浸かりながらサオをだすのがおすすめだ。ウキ釣りの場合は、3m以下のサオで、市販の川魚仕掛けでよい。水深が浅いのでタナは浅めにとり、場合によってはオモリなしのフカセ釣りのほうがアタリが出やすい。

釣り方は、テンポよく、川の上流から下流に仕掛けを流し込む。ハリ掛りしない小さな魚も多いので、エサ持ちのよいサシなどが有効だ。また、川に浸かって毛バリ釣りも面白い。やや流れのあるポイントを捜し、3m前後のサオに市販の毛バリ仕掛けで釣る。釣り方はシンプルで、対岸に仕掛けを投げ、サオと仕掛けが一直線になるようにミチイトを張りながら流す。2〜3回流したら少し下流に下る。エサを付けないので初心者でも簡単だ。

休日は多くの家族連れが川遊びに来るので、おすすめの時間帯は夕方。初夏にはきれいな婚姻色のオスのオイカワが楽しませてくれるだろう。道の駅では地域の観光情報も得られるので、一日ゆっくりと里山を流れる猪名川町で遊んでみるのもよいだろう。

ACCESS

クルマ

（大阪方面から）阪神高速11号池田線木部ICを降り、R173、県道68、12号（川西篠山線）で現地へ。一般道は尼崎・伊丹から県道13、12号利用。

電車

能勢電鉄日生中央駅から阪急バス杉生線で川床口下車。

公園上流部の流れは緩やか

婚姻色が美しいオイカワのオス

「道の駅いながわ」では、さまざまな地元物産品を扱っている

水遊びを楽しむ子供たちの姿もよく見られる

兵庫県川西市

加茂井堰上流右岸

マブナ、コイ、オイカワ（ハエ）

江戸時代から下流域・川西、伊丹の農作物のために猪名川の水を送り届けてきた疏水＝加茂井。現在も本流に設置された加茂井堰が農業用灌漑堰の役割を果たし、川西市内には多くの水路が流れている。

今回の釣り場は、その加茂井堰上流部の広大な止水状のエリア。右岸の川西市側は河原にも降りられ、足場もよい。対岸の池田市側には余野川の流れ込みもあり、大きな池のようにもみえる。川岸は石積みで形成され、堰堤際の水深はかなり深い。

堰上の広大な止水エリア

岸際をノベザオでねらうのもよいが、ここは吸い込み釣りでコイにぜひチャレンジしてほしい。シーズンは5～6月が最もよいが、秋もコイの活性が高くチャンスだ。サオは本格的な投げザオがあればベストだが、ライトタックルでもねらうことが出来る（シーバス、硬めのバスロッド、エギングロッド等。アジングなどのライトゲーム用のスピニングタックルはNG）。ミチイトはナイロンまたはフロロ3～4号。オモリは中通し5～8号（サオの強さで決める）。

コイは深場や障害物のある所を回遊するので、なるべく複数の同じポイントをねらって回遊を待つ。したがって、2本以上のサオで遠近のポイントに投げ分けるとよい。仕掛けは、市販の吸い込み仕掛けで問題ない。エサはコイ用の練りエサをベースに、吸い込み仕掛けの食わせバリには、ミミズなど違うエサを付けてもよい。

時間帯は、日中よりも朝夕がよい。堰堤から上流エリアまで釣り場はかなり広いので、シーズンを通してさまざまなポイントを探るのも楽しいだろう。また、バスフィッシングでも良型が釣れることで有名だ。

この止水エリアから川西市内に流れ出す水路には、猪名川水系ではかなり貴重なヤリタナゴの姿を見ることができる。気になる水路を見つけて、ヤリタナゴや他の魚の姿を捜すのも楽しみの1つ。こちらも釣れた時の感動はたまらない。

ACCESS

クルマ
川西能勢口駅方面から県道12号を北上して絹延駅、滝山駅を目差す。駅周辺にコインパーキングあり。

電車
能勢電鉄滝山駅から河原まで徒歩10分。絹延駅は上流に向かい加茂井堰まで徒歩15分。

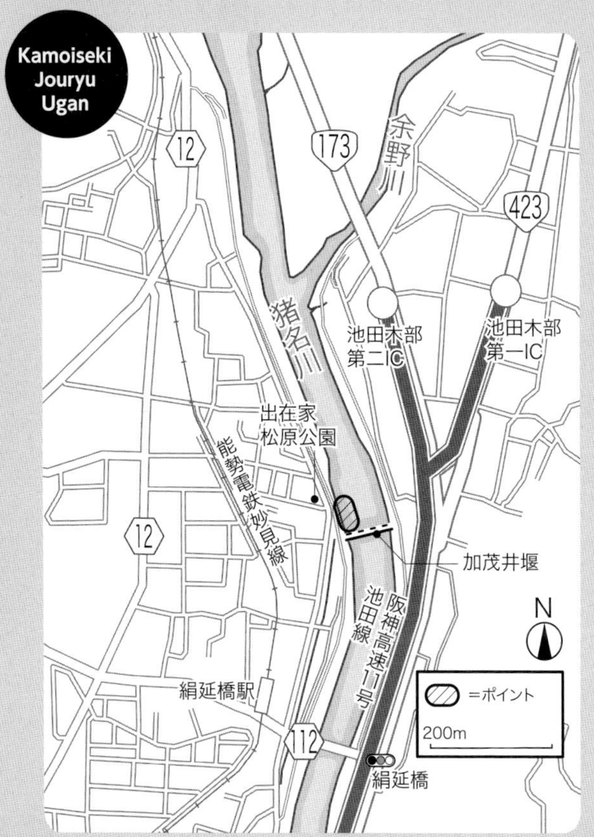

堰堤際の水深はかなりある

あまり沖ではなく15～20mラインがコイのポイント

堰堤上流右岸は足場のよいポイント

川西市の水路にはヤリタナゴも棲んでいる

兵庫県川西市

新猪名川大橋(ビッグハープ)右岸

オイカワ(ハエ)、モロコ

他の魚種
コイ

大阪府池田市と兵庫県川西市を流れる猪名川を渡る新猪名川大橋は、斜張橋（吊り橋）としても有名。ハープ型に張られた美しいケーブルのフォルムから通称「ビッグハープ」と呼ばれ、地元市民から愛されている。

今回の釣り場はその橋上下流がメインとなる。ちょうど橋の真ん中下に崩れた小さな堰堤があり、その落ち込みと堰堤上流部が水深もあり、初夏に多くの小魚が見られる。中でも毎年大きな群れでそのエリアに居つくのはオイカワ、モロコなど。崩れた堰堤周辺やテトラなどの障害物近くがポイントになる。

ビッグハープを眺めながら小もの釣り

サオは3・6mくらいあったほうが、沖めの石などの周辺もねらえるのでおすすめだ。エサは虫エサがよく、ベストはサシ。感度のよい棒ウキ仕掛けでテンポよく打ち返すと、オイカワ特有の鋭いアタリがでる。また、水深が浅い瀬などをねらう時は、オモリなしのフカセ釣りも効果的。ウキ下を長めにとり、エサをナチュラルに流す。

同じく、浅瀬を上流から下流に釣り下る毛バリ釣りも面白い。オイカワが毛バリに飛び飛びついてくる。夏場の日中は気温、水温ともに高く、ほとんど魚の姿も見えないが、夕方になるとオイカワのライズが見られ、盛んに虫を捕食している。フライフィッシングでねらってみてもよいかもしれない。

上流の加茂井堰堤まではアユが遡上するようで、9月頃に絹延橋下の大石や岩盤周りで大きなアユがコケを食む姿が見られる年もある。猪名川は、かつてはアユなどの川魚料理を出すお店がたくさんあるほど水質がよかった。近年はアユの遡上が復活し、本来の清流の姿を取り戻しつつある。いつかまた、アユの友釣りが楽しめるようになってほしいと願うばかりだ。

最後に、インスタントラーメン発祥の地である池田市にはカップヌードルミュージアムがあるので、家族連れで訪れるのもよい。池田駅前にはチキンラーメンを使ったB級グルメもある。

ACCESS

クルマ

クルマ＝R176を大阪から池田方面へ。西本町交差点を直進でR173へ。絹延橋交差点を左折すると猪名川に出る。能勢電鉄の絹延橋駅周辺に有料駐車場あり。

電車

能勢電鉄妙味線絹延橋駅から徒歩5分。

ハープを思わせるフォルムの
新猪名川大橋

橋脚の周辺は水深も深いので絶好のポイント

川釣りターゲットの人気もの、オイカワ

いつかここでまたアユ釣りが出来ることを願いたい

兵庫県川西市

ドラゴンランド前

オイカワ(ハエ)、モロコ

長さ133mの龍をモチーフにした大きな遊具がシンボルのドラゴンランドは、阪神高速11号池田線の高架下に位置する川西市の公園。園内には有料駐車場、トイレはもちろん、雨の日も遊べるいろいろな遊具が揃っている。隣接する河川敷もよく整備され、水遊びができる「せせらぎ水路」などもあり、休日は多くの家族連れで大人気だ。

　公園の前を流れる猪名川には小さな堰堤があり、その周辺にはオイカワなどの小魚が多く集まる。堰堤下は瀬が続き、流れもきついのでウキ釣りには向かないが、その流れが緩んだあたりは2～3mの清流ザオに市販のウキ釣り仕掛けで手軽に楽しめる。

小堰堤付近に小魚が集まる

　瀬などの流れがある所では、仕掛けに付いているオモリを外してフカセ釣りをするとよい。エサは、練りエサでも悪くはないが、サシ、アカムシなどの虫エサが持ちもよく初心者には釣りやすい。

　夏場は毛バリ釣りもおすすめだ。流れに立ち込み、対岸に向かって市販のオイカワ毛バリ仕掛けを投入し、サオと仕掛けが一直線になるようにラインを張りアタリを待つ。エサ付けの必要がなく、川釣り初体験の人でも楽しめる。

　また、公園下流には小さな支流の流れ込みがあり、いろいろとポイントを探るのも面白い。猪名川運動公園中ほどまで下ると魚道を備えた堰堤があり、堰堤上は流れも緩やかでコイ、ヘラブナ釣りの地元の人の姿も多く見られる。

　毎年、夏休みには多くの子供たちが川遊びに来るので、朝夕の時間帯が比較的静かで釣果も上がる。近年は猪名川の水質もよくなり、大阪湾からアユの遡上も見られるようになった。7月には、元気いっぱいの若アユがコケを食んだ跡が石に多く見られる。

　最後に、台風や大雨の増水時は決して川に近寄らないように。

ACCESS

クルマ

R176呉服橋西詰交差点を南下300m。阪神高速11号池田線の高架下に有料駐車場がある。絹延橋駅周辺にも有料駐車場あり。

電車

阪急宝塚本線川西能勢口駅から徒歩13分。阪急池田駅より徒歩15分。JR宝塚線川西池田駅より徒歩15分。

公園前・堰堤下のオイカワのポイント。水遊びをする人の姿もよく見られる

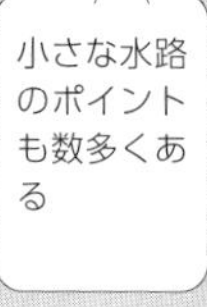
小さな水路のポイントも数多くある

公園近くにある有料駐車場

猪名川のオイカワ

マナーを守って遊んでもらいたい

兵庫県伊丹市

軍行橋下流左岸ワンド

マブナ、オイカワ（ハエ）、モロコ

他の魚種
ナマズ、コイ

シーズン
6〜11月

大阪府と兵庫県の県境を流れる猪名川。大阪府側の池田市と兵庫県側の伊丹市、川西市に架かる軍行橋は、明治44年にこの地で行なわれた軍の大演習の際に架けられたことが由来とされている。今は京都、大阪、兵庫を結ぶR171の橋である。近くには大阪国際空港（伊丹空港）もあり、河川敷には多くの飛行機ファンや家族連れの姿がある。

軍行橋左岸下流には、箕面(みのお)の滝で有名な箕面川も流れ込み、多くの魚が棲む。今回のポイントはその箕面川合流点下流に広がるワンド。増水の度に変化はあるが、完全に埋まることもなく、通年魚の姿が見られる。

本流に面したワンドで小もの釣り

5月の連休が明けて水温が高くなると、岸際に何かの稚魚が現われ、フナ、コイなども乗っ込みが盛んになる。その頃になると、本流からオイカワやモロコなどの群れがワンドに入り、お手軽な釣りを楽しめる。足元をねらう場合は、2m前後の清流ザオで、シンプルなウキ釣り仕掛けでよい。少し遠いアシ際やオダの周りをねらう場合は3・6mほどのヘラザオがよいだろう。エサは練りエサのほか、持ちのよいタナゴ用のグルテンやアカムシ、サシも有効。

ワンドの入口は水深が浅く、奥ほど深い。夏になると意外にタナは浅く、オイカワやモロコが中層を回遊するので、こまめにタナを変えてアタリを待とう。反応がない時は、練りエサを寄せエサに撒(ま)いてみるのもよい。また、アタリが渋い時は、感度のよい市販のタナゴ用連動シモリ仕掛けなどを使うと、小さいアタリがでる。

ワンド周辺には小さな支流もあり、探索するのも面白い。また、昔から野鳥観察の方も多いので静かに楽しんでもらいたい。

チョイ投げの吸い込み仕掛けでコイをねらってみるのもいい。エサの豊富なワンドで育ったパワフルなコイがサオを曲げてくれるだろう。

最後に、箕面川に面した下河原緑地からは、伊丹空港を離陸する飛行機を間近に大迫力で見られる。

ACCESS

クルマ
猪名川に架かるR171軍行橋を目標にするのがよい。駐車場はJR北伊丹駅付近にコインパーキングがあるほか、箕面川沿いの下河原緑地にも駐車場がある。

電車
福知山線（JR宝塚線）北伊丹駅から軍行橋を渡って河川敷へ。

野鳥も多く棲むワンド。台風等で変化はあるが埋まることはない

高水温期は意外に小さな支流に小魚が集まる

ワンド周辺には小川も見られる

オイカワは数釣りが楽しめる

兵庫県伊丹市

駄六川合流点

オイカワ(ハエ)、モロコ、ナマズ

他の魚種
コイ、フナ

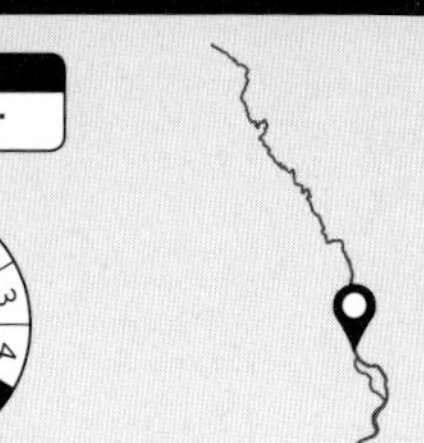

JR伊丹駅付近から猪名川に流れ込んでいる駄六川。駅から近く、大型のショッピングモールもあり、一年中賑やかなところだ。メインポイントはこの駄六川が猪名川に流れ込む付近で、水深もあり、一年中コイや小魚の姿が見られる。台風や大雨の影響で川の地形などが変わることもあるので注意が必要だが、この合流地点は劇的な変化があまりない。

メインターゲットはオイカワ（ハエ）。番外でコイも面白い。オイカワねらいは3・6mくらいの清流ザオに市販のウキ釣り仕掛けでOK。コイ釣りはスピニングタックルのルアーロッドに吸い込み仕掛けで問題ない。

本流から入ってくるナマズにも期待

水質もよく、オイカワ、モロコなどの小魚が肉眼でも見えるので、そっと近づきサオをだそう。エサはコイ用の練りエサのほか、タナゴ用のグルテンはエサ持ちがよく使いやすい。1円玉くらいの径に練りエサを丸めて川に投げ込み、魚を寄せると安定して釣果が得られる。オイカワは群れで動くので、寄せエサを投げ込み、群れの動きを止める。濁っていなければ年中水質はクリアなので、魚が底に集まっているのが見える。魚影が小さい時はハリの大きさを変えてみるのもよい。コイは一年中いるので、置きザオでのんびりと釣るものよいだろう。足場もよいので、家族で買い物ついでに釣りもするというのもおすすめだ。

また、5月からはナマズのルアーフィッシングも面白い。本流から産卵のために入ってくるナマズは大型が多い。雨上がりの少し水が増えた時がチャンス。タマヅメに行くと、思わぬビッグワンがヒットする。バス用のベイトリールタックルにラインはナイロン4～5号、そしてナマズ専用のトップウオーター・ルアーでねらう。下流から上流に向かって、岸際ぎりぎりにルアーを通す。あまり速く巻くとルアーの動きが悪くなるので注意。ボッシュ！とナマズがルアーにアタックしてきても早アワセは禁物。一呼吸おいてから合わせると、バラシが少なくなる。ナマズは意外と浅瀬にいるので、まずは足元から探るとよい。

ACCESS

クルマ
県道13号沿いのJR伊丹駅付近にコインパーキングがある。

電車
JR宝塚線伊丹駅から猪名川方面に向かって徒歩10分。

猪名川との合流点。ナマズねらいの場合は対岸のブッシュなどをねらうとよい

本流合流点下流部の風景

ナマズルアーの定番、ジッターバグ

兵庫県伊丹市

藻川・伊丹市三平雨水ポンプ場前

オイカワ(ハエ)、マブナ コイ、モロコ

他の魚種
ナマズ

シーズン 5〜10月

淀川支流の一級河川・猪名川は大阪府・兵庫県境を流れ、兵庫県伊丹市の神津大橋下流付近から二又に分かれ、右岸が藻川、左岸が猪名川となる。2つの流れは尼崎市戸ノ内町付近でふたたび合流し、名前も猪名川に戻る。

藻川と猪名川に囲まれた東園田地区は水路も多く、昔はたくさんの淡水魚が生息していた。その後、猪名川は全国でもトップクラスの汚れた川として有名であったが、近年はアユの遡上もあるくらい清流が戻ってきた。藻川も少しずつ昔の面影が戻っている。

消波ブロックの隙間からいろんな小魚が

今回紹介する三平ポンプ前は、護岸に魚が逃げ隠れしやすい消波ブロックが入り、河川工事の影響も少なく通年小魚が釣れる。例年5月頃になると、オイカワ、モロコ、フナが消波ブロックの隙間に多く見られ、本格的なシーズンに入る。

釣り方は至ってシンプルで、ノベザオに市販のウキ釣り仕掛けで充分。サオと長さは、足元の消波ブロックの隙間をねらう場合は1・8mぐらいのタナゴザオ、沖めに沈んだ消波ブロック脇を探る時は3・6m前後の清流ザオがよいだろう。エサはタナゴ用のグルテンかコイ用の練りエサ、あればアカムシのほうがエサ持ちがよい。

沖めの消波ブロック周りは意外と深く、水深1・5mくらいはある。水質がクリアな時は、消波ブロックに付いた藻などをつつく小魚の群れが確認できるので、練りエサを小さめに丸めて投げ込み、魚の反応を見る。魚が寄ってくればそこに仕掛けを入れる。また、市販の仕掛けもオモリを調整してウキのバランスをとることで、小さなアタリも逃さないようにできる。

足場がよく、反応のよい消波ブロックの際や穴などを探しながら釣ると、いろいろな小魚に出会える。たまに消波ブロックの穴から大きなコイが現われてドキッとする。また、伊丹空港から飛び立つ飛行機も間近に見られる。

ACCESS

電車

ＪＲ宝塚線猪名寺駅から徒歩30分。自転車を組み合わせた釣行が可能ならそれが便利。

クルマ

県道13号を尼崎から伊丹方面に北上。南町4交差点を右折し田能通りを上園橋方面へ。上園橋手前の信号を左折すると川沿いに出るが、付近には駐車場や駐車スペースもないので要注意。

足元から3mくらい沖まで消波ブロックが沈んでいる

消波ブロックの隙間を丁寧に探ろう。意外と足元がポイントだ

オイカワは猪名川水系で最もポピュラーなターゲット

大阪府大阪市

堂島川・水晶橋右岸側

ウナギ

大都市ど真ん中で天然ものゲット

大阪市内の大都会ど真ん中でウナギが釣れる！　と地元メディアでも多く取りあげられる有名なポイント。現在の淀川から毛馬水門（毛馬閘門）で分岐する旧淀川本流は、上流から大川、堂島川、安治川となる。釣り場所は中之島の堂島川で御堂筋に架かる大江橋の1つ上流の橋、水晶橋だ。歩行者専用の石造りの橋で幅も広く、歩行者の迷惑になることはないだろう。5月の連休が終わったころから秋まで楽しめる。

日没から2～3時間、仕事帰りのサラリーマンが少しだけウナギ釣りに興じるにもちょうどよい。川の中ほどから左岸側は明るい間は船が通り、暗くなると今度はナイトツアーのボートが運航することもある。そのため左岸側はねらわないように。また、くれぐれも周囲の歩行者には気を付けて、ゴミは必ず自宅に待ち返ること。

仕掛けは、潮の干満の影響を考慮して用意しよう。大潮の引き潮時は、流れが速くなるので注意が必要だ。オモリは中通し12～15号、サオは投げザオで少し硬めの4～5mを用意する。あまり長いとかえって使いづらいので、シーバスロッドでもよい。リールは小・中型スピニングリールでミチイトはナイロンもしくはフロロ3号。シンプルなブッコミ仕掛けでハリスはフロロ3号30㎝。ハリはウナギバリ11～12号、エサは太ミミズ（ドバミミズ）が一番。サオ掛けは、石造りの高い欄干がちょうどよい代わりになる。

橋の上には座れるところもある。周囲は街灯などで明るく、ヘッドライトなしでも大丈夫。サオ先には鈴を付け、音に集中してアタリを待つ。流れてくる水草等がラインに引っ掛かることもあるので、こまめに点検するとよい。また、流れが速い時は橋脚の脇がねらいめだ。暗くなって橋脚や両岸のライトアップに心を癒されながら、アタリの鈴が鳴ってウナギが釣れれば最高だ。

近年、堂島川は水質もきれいなので、釣ったウナギを料理すれば浪速の天然ウナギを美味しくいただくことができる。

ACCESS

クルマ

水晶橋周辺に有料パーキングが数箇所あり。

電車

大阪メトロ（地下鉄）御堂筋線淀屋橋駅からすぐ。

Doujima-gawa Suishoubashi Ugangawa

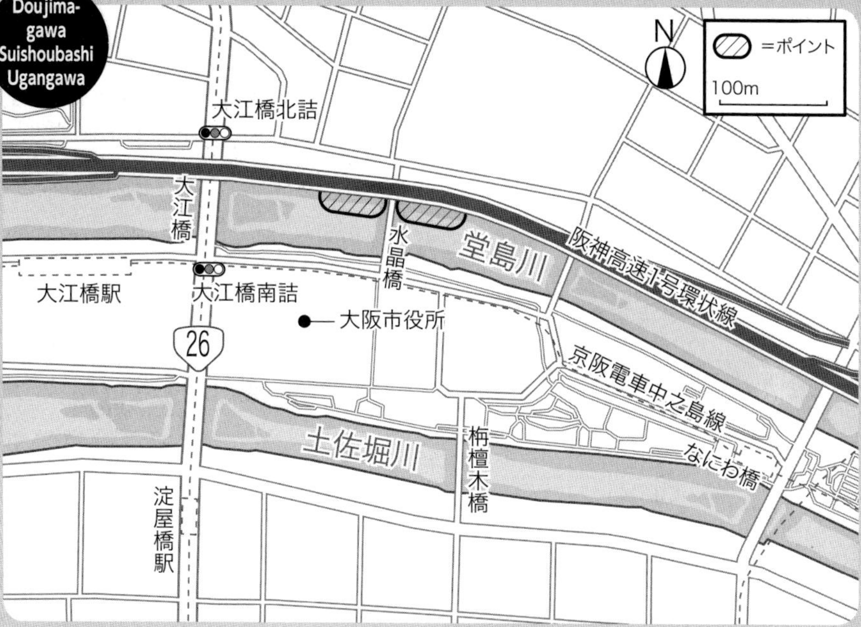

N
=ポイント
100m
大江橋北詰
大江橋
水晶橋
堂島川
阪神高速1号環状線
大江橋駅
大江橋南詰
大阪市役所
26
京阪電車中之島線
土佐堀川
栴檀木橋
なにわ橋
淀屋橋駅

欄干をサオ掛け代わりに拝借

タマヅメからの２時間が最も期待がもてる

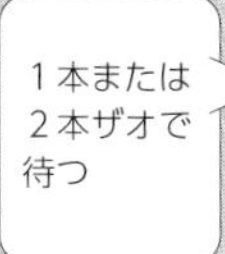

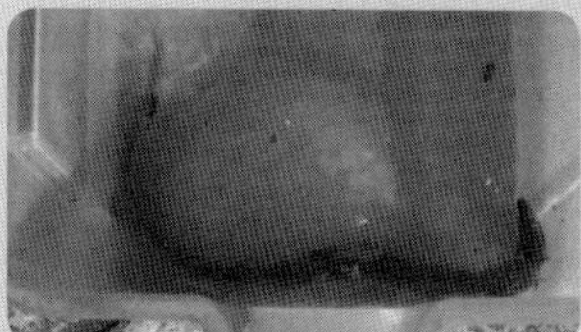
釣れたウナギはエアーポンプで活かして持ち帰りたい

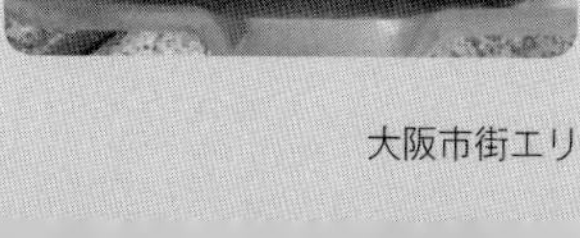

大阪府大阪市

大和川・阪神高速4号湾岸線下右岸

テナガエビ

大阪市と堺市の境界を流れる大和川。2009年頃までは水質の悪さで全国的に知られていたが、最近ではそれが大幅に改善され、アユの大量遡上も見られるくらいきれいな川に変身した。大阪湾河口からはテナガエビも遡上するようになり、5月後半にはそれが大きくなり9月頃まで釣ることができる。

河口近くの左岸消波ブロック帯や、右岸の石組みの穴を丹念に探ると釣果に恵まれる。

高架下のテナガゲーム

今回は右岸の石組みをねらう。場所は阪神高速4号湾岸線下付近だ。コインパーキングは右岸側を少し離れて並行して走る大和川通りに何箇所かある。TSUTAYA住ノ江店に隣接するパーキングからまっすぐ川に向かうと、堤防の2箇所に階段があり、河川敷に降りられる。そこから6〜7分歩くと湾岸線下に到着する。橋脚前から上下流の100mほどがポイントだ。ここは潮の干満が釣果を左右する。特に、引き潮途中から上げ潮の時をねらうのがおすすめだ。

サオは2・1m前後で、穂先が硬いと掛かってからバレることがあるので、少し柔らかめを選ぶとよい。仕掛けは市販のテナガエビ用を、根掛かりも多いので何セットか用意していこう。エサはアカムシがよい。

釣り方は石組みの穴を丹念にさぐることが重要で、不思議とアタリが出る穴では続けて釣れる場合が多い。うまくテナガエビのいる穴を見つけられれば、数匹は釣れるはずだ。逆にアタリがなければ他の穴をねらう。調子がよい時は3時間で15匹ほど釣れる。また、6月中旬以降になると一回り大きなサイズが釣れる。

大阪市内からも近く、干満の時間を見て短時間で楽しめるのがこの釣りの魅力の1つ。釣ったテナガエビは活かして持ち帰り、素揚げにしてビールとともに頂くと最高。

最後に、足場は悪くないがゴミなども多く、足元は滑りにくいしっかりとした靴がよいだろう。

ACCESS

クルマ

府道26号大和川通りを西進し大和川河口方面へ。南加賀谷交差点を越え、通り沿いにあるTSUTAYA住ノ江店隣接のパーキング（有料）を利用すると便利。

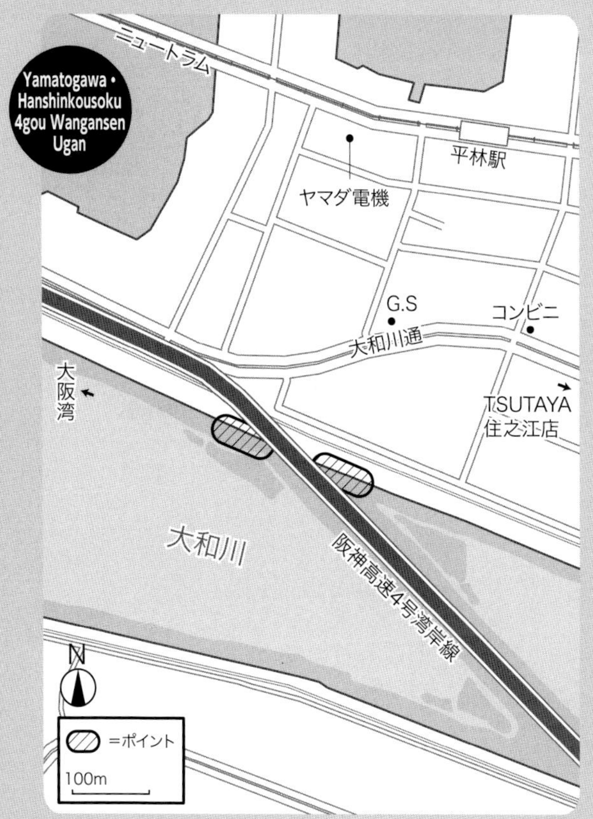

干満の時間をみて釣り場へ行こう。上げ潮の時が一番よい

釣り場の近くには飲み物などないので熱中症には特に注意

橋脚付近は水通しもよく好ポイント

石組の穴を丹念にさぐろう

和歌山県和歌山市

千手川・六十谷駅付近

カワムツ、オイカワ(ハエ)、タモロコ、マブナ、タナゴ類

奈良県を源流に和歌山県を流れて太平洋に注ぐ一級河川・紀ノ川は、関西屈指の淡水魚の宝庫だ。今回紹介するのは、ＪＲ阪和線六十谷駅のすぐ北側を流れる小さな支流の千手川。初めて淡水釣りにチャレンジする初心者でも何種類かの魚に出会うことができる、おすすめの釣りやすい流れだ。本流合流点から上流１００ｍあたりまで魚影が多く、目視できるのでポイントが捜しやすい。

淡水釣り初挑戦の人にもおすすめ

　また、紀ノ川との合流地点ではタイリクバラタナゴや他のタナゴをねらっているベテランの釣り人もいる。本流ではバスフィッシングを楽しむ人の姿も見られる。

　サオは２・１ｍくらいの清流ザオがおすすめ。あまり長いと初心者にはトラブルの元になるので注意。仕掛けは市販のタナゴ用か、普通のウキ釣り仕掛けでもよい。根掛かりなどで意外にハリスや仕掛けが切れたりするので、予備は必ず持っていこう。また、本やインターネットで調べて自分の作った仕掛けで釣るのも釣りの楽しみの１つなので、ぜひチャレンジしてもらいたい。エサはアカムシかタナゴ用グルテンでよい。

　ポイントは、障害物や護岸が変化した所、流れが緩やかになっている所がよい。まず水深を計り、底にハリが着くくらいにウキ下を調整する。基本はそこからハリが底を少し切るくらいのタナをねらうとよい。グルテンなどの練りエサは、ハリからすぐに外れてしまうのでこまめにチェックが必要。アカムシはエサ持ちがよいので初心者でも使いやすい。ただし身の赤色が抜けたら新しいエサに付け替えること。

　時期によってはさらにほかの魚種に出会えることもあるので、季節ごとに訪れるのもの面白い。釣れた魚はアクリルケースに入れて子供と一緒に観察したり、自宅で飼うのもよいだろう。

ACCESS

クルマ

阪和道・和歌山北ICを降りて六十谷駅方面へ。駅周辺にパーキングがある。

電車

ＪＲ阪和線六十谷駅からすぐ。

護岸されているがよく見ると変化があり、そこに魚が溜まる

水門の出口付近は水深もありポイント

流れが緩んでいる所（写真では左側）がねらいめ

婚姻色がきれいに出たタイリクバラタナゴ。シーズンを通してなんらかの小ものに出会える

兵庫県三田市

藍本・日出坂洗い堰右岸

アブラボテ

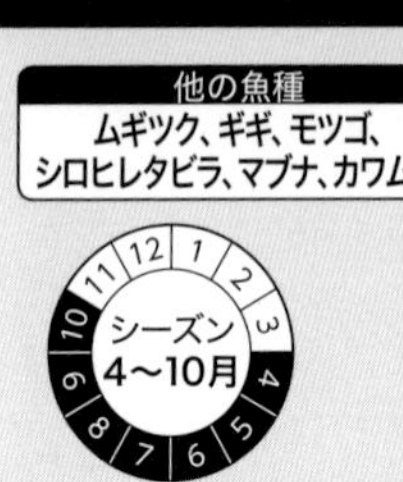

他の魚種
ムギツク、ギギ、モツゴ、
シロヒレタビラ、マブナ、カワムツ
シーズン
4〜10月

堰が小魚の住処になっている釣り場

田園風景が広がる自然豊かな三田市藍本地区。ここを流れる武庫川上流は、たくさんの生き物が棲む豊かな自然環境が残っていた。しかし川幅が狭く、大雨で増水するとすぐに洪水になるので、川を広げることにした。ただ広げるだけではなく「この川の豊かな自然を守ろう」と地元住民、専門家、兵庫県、三田市、設計・建設会社が知恵を出し合いできたのが、日出坂洗い堰だ。

この堰はコンクリートでガチガチに固めたようなものではなく、自然石を使って生き物が隠れやすい隙間を作ったり、さまざまな工夫をして少しでも生き物が棲みやすい環境を残すために努力しているのが分かる。

足場は比較的よいが、子供連れの場合は石組みで転ばないように注意が必要。時期によっては草が生い茂り入りにくいこともある。夏場は虫よけがあったほうがよいだろう。

釣り場はすぐ近くに駐車スペースがあって便利だが、近隣には農家の方が住んでいるので迷惑にならないようにしよう。残念ながらトイレはない。また、春になると武庫川両岸に桜が咲き、とてもきれいだ。静かに桜を楽しみたい人にもおすすめ。

扱いやすい短めのサオで釣りができること、いろいろな種類の小魚が顔を見せてくれることから、子供たちに釣りを教えるには丁度よい。魚類以外に、ザリガニやエビ類もたくさんいるので網を持参してガサガサをするのも面白い（ほかの釣り人の邪魔にならないように）。

道具と仕掛けは、150〜180㎝のノベザオと市販のタナゴ仕掛けでOK。エサはグルテンや黄身練り。底スレスレにタナを合わせて静かにアタリを待とう。何度か仕掛けを投入しているうちに魚が寄りだしてアタリが出てくるはずだが、アタリがなければ少し沖のほうに場所を変えてみよう。

1つ注意していただきたいのは、前記したように日出坂洗い堰は多くの方がかかわって生物の保全に努めており、現在もそれは続いている。釣った魚は大切に扱い、なるべくリリースをお願いしたい。郷土の豊かな自然を未来の子供たちに残し、末永く釣りを楽しめるように気に留めていただければ幸いだ。

ACCESS

クルマ
舞鶴若狭自動車道三田西ICを降り北上して藍本駅を目差す。R176で藍本駅を越え、藍本交差点直前を右折して釣り場へ。

電車
ＪＲ宝塚線藍本駅から徒歩。釣り場まで約1km。

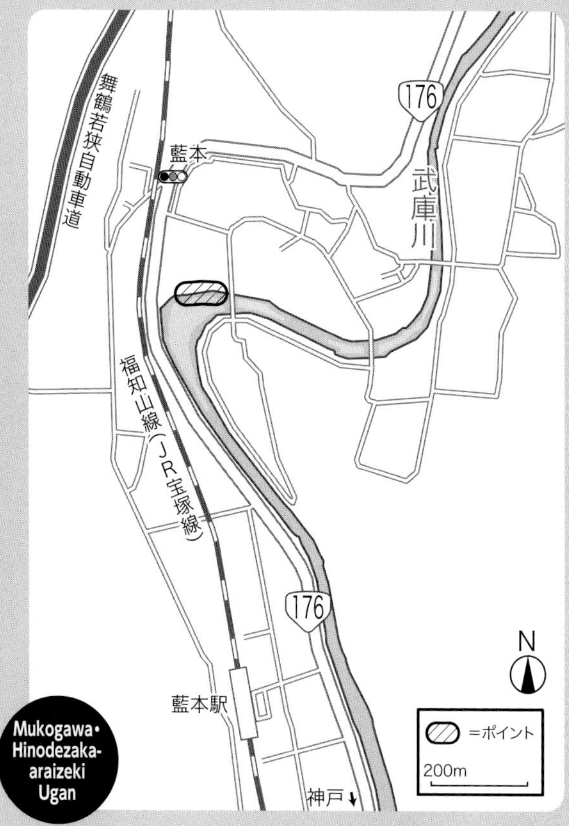

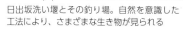

日出坂洗い堰とその釣り場。自然を意識した工法により、さまざまな生き物が見られる

堰の上流にも釣りやすいポイントが続く

アブラボテ。武庫川ではなじみ深いタナゴ類だけに大切にしたい

足場が比較的よく、短いサオで充分なので子供でも楽しめる

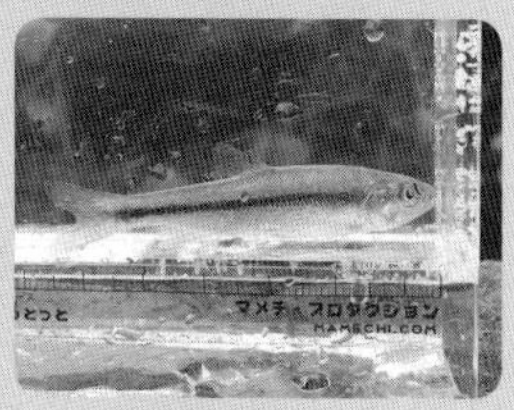

カワムツの姿も見られる

主な仕掛け図例

マブナ仕掛け（春）

①ホソ・水路　上バリ遊動式2本バリ仕掛け

サオ
2.4m〜3.6m（カーボン）、8尺〜12尺（和ザオ）

ミチイト
1〜1.2号

ウキ止めゴム
遊動式

ガン玉5号

丸カン小小

ウキ
ハヤブサ
ストッパー付シモリ0号5個

丸カン小小

ハリ　袖 5〜6号、渓流 7号、キヂ7号
ハリス　0.6号7〜10cm
エサ　赤虫、キヂ

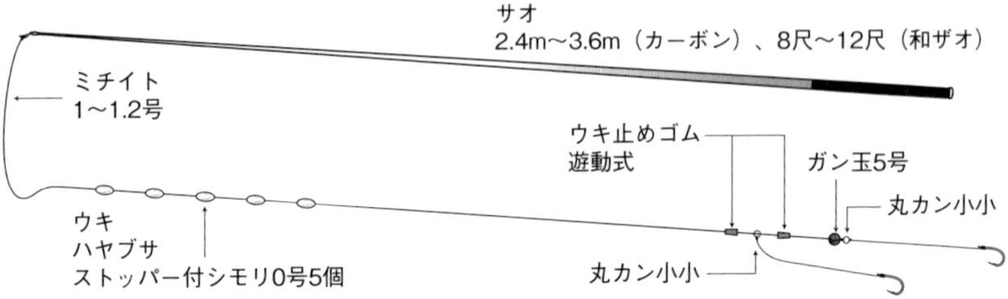

②水路・川　上バリ遊動式2本バリ仕掛け

渓流ザオ4.5〜5.3m

ミチイト
1〜1.2号

ウキ止めゴム
遊動式

ガン玉2〜3号

丸カン小小

ウキ
ささめ針
ストッパー付棒しもりSS 6個
（公式適合ライン0.4〜1号）

丸カン小小

ハリ　袖 5〜6号、渓流 7号、キヂ7号
ハリス　0.6号7〜10cm
エサ　赤虫、キヂ

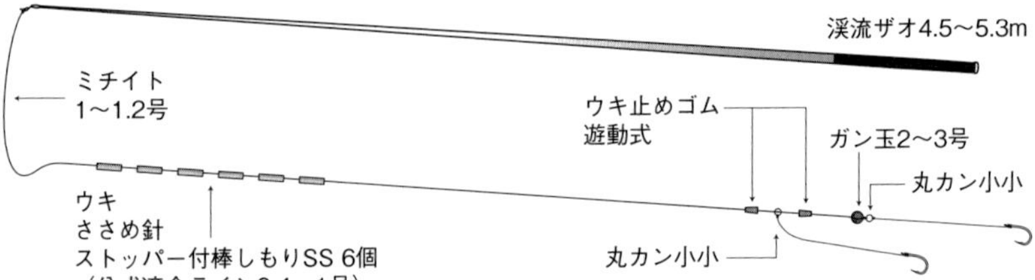

小ブナ仕掛け（秋）探り釣り

③ホソ　上バリ遊動式2本バリ仕掛け

サオ
2m前後の小ものザオ（カーボン）、7尺（和ザオ）

ミチイト
0.4号

ウキ止めゴム
遊動式

ガン玉5〜6号

丸カン小小

羽根ウキまたは
軟式発泡シモリウキ8〜10個

丸カン小小

ハリ　袖 1号
ハリス　0.4号5cm
エサ　赤虫

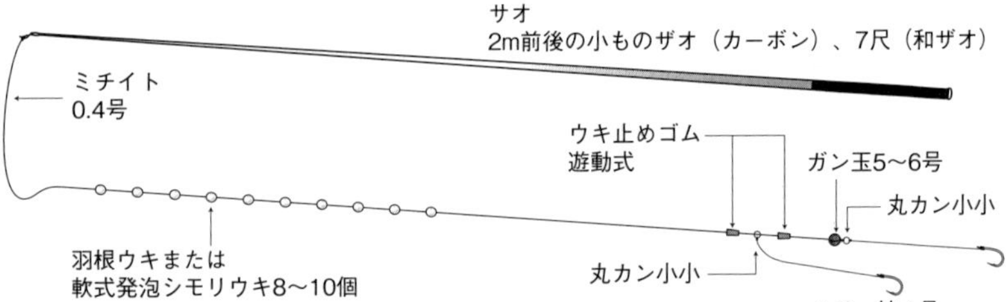

小ブナ仕掛け　エンコ釣り

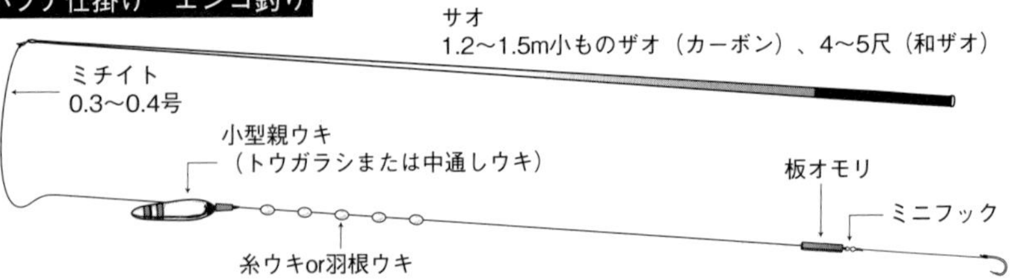

サオ
1.2〜1.5m小ものザオ（カーボン）、4〜5尺（和ザオ）

ミチイト
0.3〜0.4号

小型親ウキ
（トウガラシまたは中通しウキ）

板オモリ

ミニフック

糸ウキor羽根ウキ

ウキの浮力バランス
ウキが水面下で止まるゼロバランス
ゆっくりと沈んでゆく遅ジモリバランス

ハリ　袖1号またはタナゴバリ（流線、新半月、極小など）
ハリス　テトロン3cmまたは0.3〜0.4号3〜5cm
エサ　グルテン、赤虫

ホンモロコ仕掛け

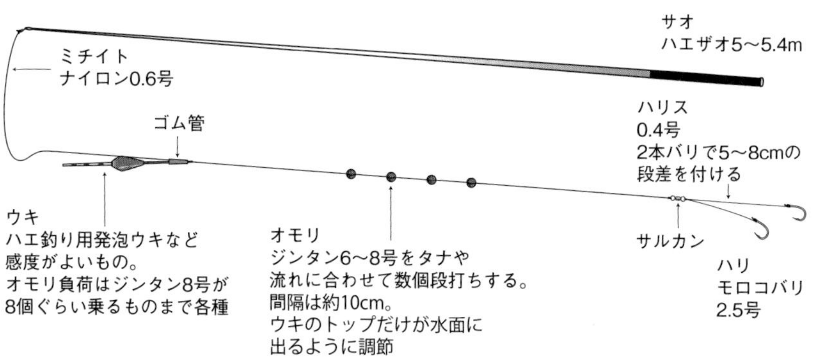
サオ
ハエザオ5〜5.4m
ミチイト
ナイロン0.6号
ゴム管
ハリス
0.4号
2本バリで5〜8cmの
段差を付ける
ウキ
ハエ釣り用発泡ウキなど
感度がよいもの。
オモリ負荷はジンタン8号が
8個ぐらい乗るものまで各種
オモリ
ジンタン6〜8号をタナや
流れに合わせて数個段打ちする。
間隔は約10cm。
ウキのトップだけが水面に
出るように調節
サルカン
ハリ
モロコバリ
2.5号

タナゴ仕掛け

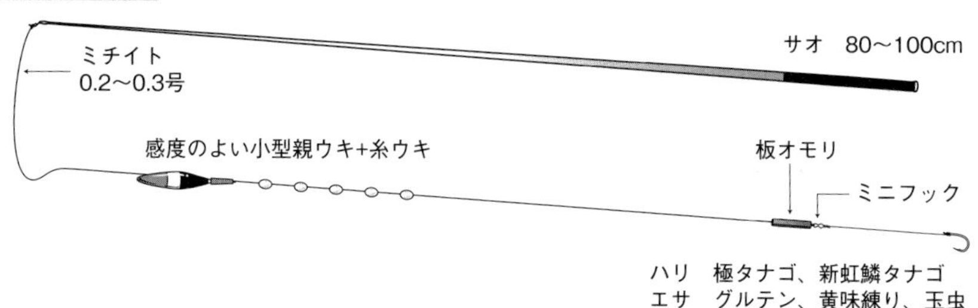
ミチイト
0.2〜0.3号
サオ　80〜100cm
感度のよい小型親ウキ+糸ウキ
板オモリ
ミニフック
ハリ　極タナゴ、新虹鱗タナゴ
エサ　グルテン、黄味練り、玉虫

コイ仕掛け

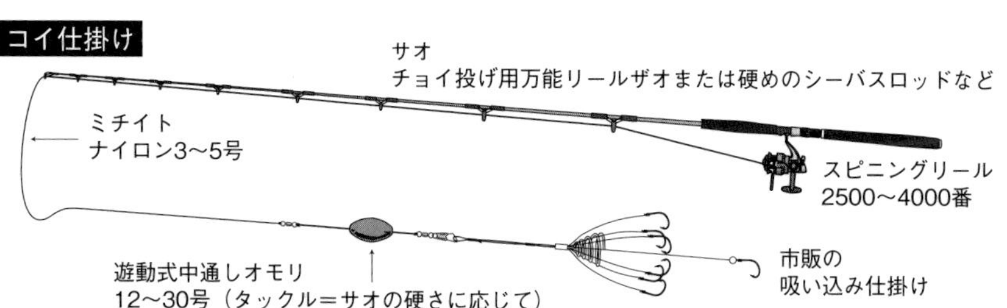
サオ
チョイ投げ用万能リールザオまたは硬めのシーバスロッドなど
ミチイト
ナイロン3〜5号
スピニングリール
2500〜4000番
遊動式中通しオモリ
12〜30号（タックル＝サオの硬さに応じて）
市販の
吸い込み仕掛け

オイカワ仕掛け

フカセ釣り

ハエザオ4.5m

ミチイト
0.4号

木製玉ウキ
（飛ばしウキ）

※ウキ下は水深の1.5～2倍とる

※エサを沈めたい場合はガン玉8号を
打つこともある

山吹ウキ、羽根ウキ2個（アタリウキ）

ハリ　ヤマベ3～4号、袖3～4号
エサ　サシ

立ちウキ釣り

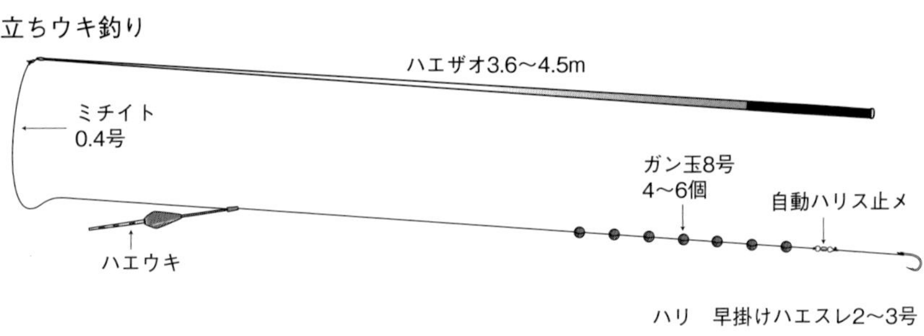

毛バリ釣り

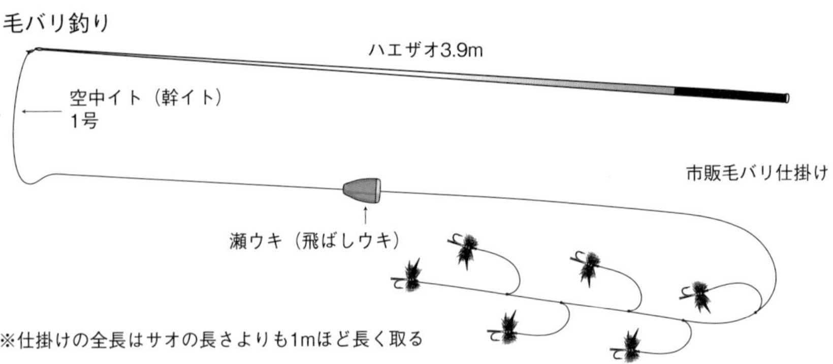

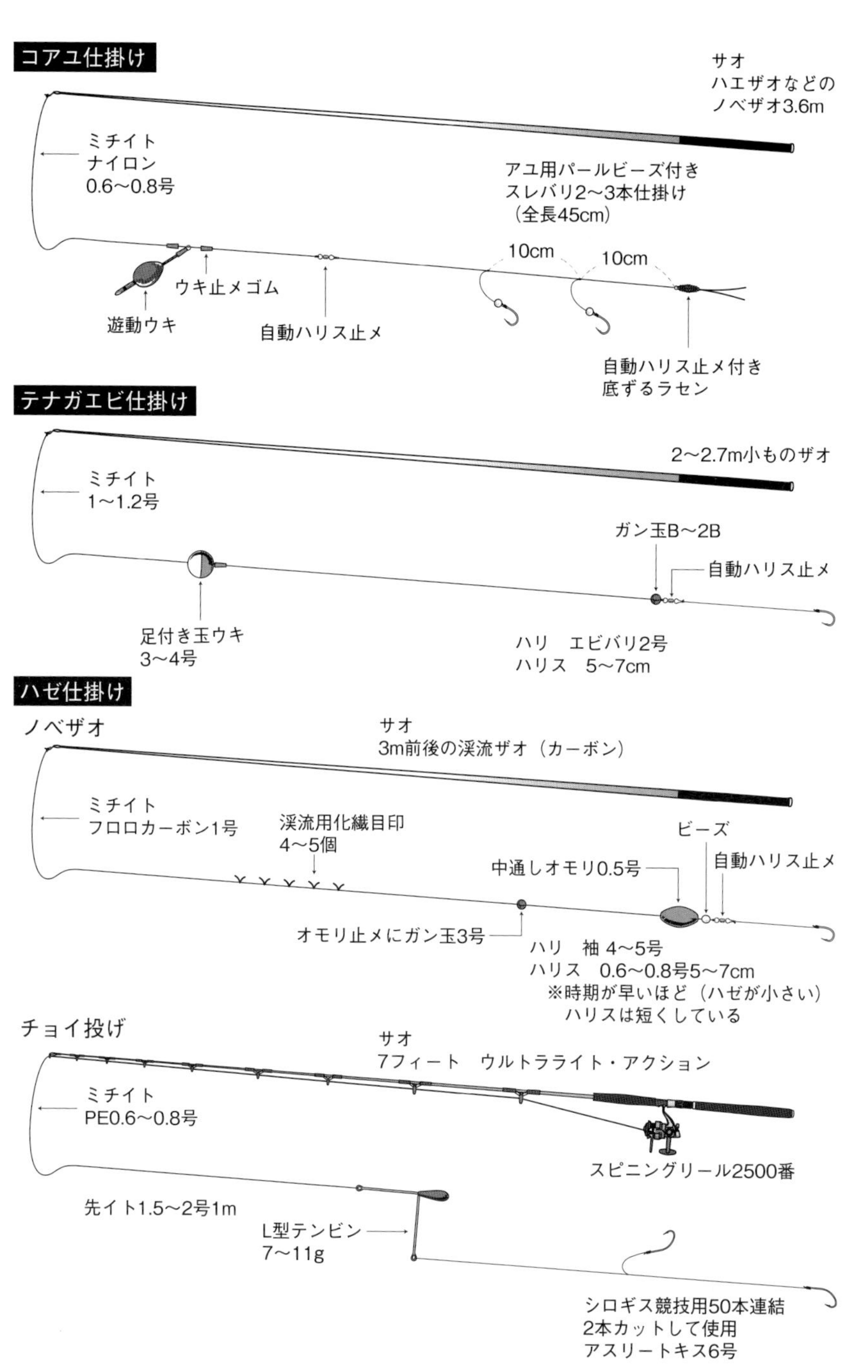

コアユ仕掛け
サオ
ハエザオなどの
ノベザオ3.6m
ミチイト
ナイロン
0.6～0.8号
アユ用パールビーズ付き
スレバリ2～3本仕掛け
（全長45cm）
10cm
10cm
ウキ止メゴム
遊動ウキ
自動ハリス止メ
自動ハリス止メ付き
底ずるラセン
テナガエビ仕掛け
2～2.7m小ものザオ
ミチイト
1～1.2号
ガン玉B～2B
自動ハリス止メ
足付き玉ウキ
3～4号
ハリ　エビバリ2号
ハリス　5～7cm
ハゼ仕掛け
ノベザオ
サオ
3m前後の渓流ザオ（カーボン）
ミチイト
フロロカーボン1号
渓流用化繊目印
4～5個
ビーズ
自動ハリス止メ
中通しオモリ0.5号
オモリ止メにガン玉3号
ハリ　袖 4～5号
ハリス　0.6～0.8号5～7cm
※時期が早いほど（ハゼが小さい）
ハリスは短くしている
チョイ投げ
サオ
7フィート　ウルトラライト・アクション
ミチイト
PE0.6～0.8号
スピニングリール2500番
先イト1.5～2号1m
L型テンビン
7～11g
シロギス競技用50本連結
2本カットして使用
アスリートキス6号

本書に登場する主な魚たち

アブラボテ(オス)

オイカワ(ハエ)

カネヒラ(オス)

コアユ

コイ

シロヒレタビラ(オス)

テナガエビ

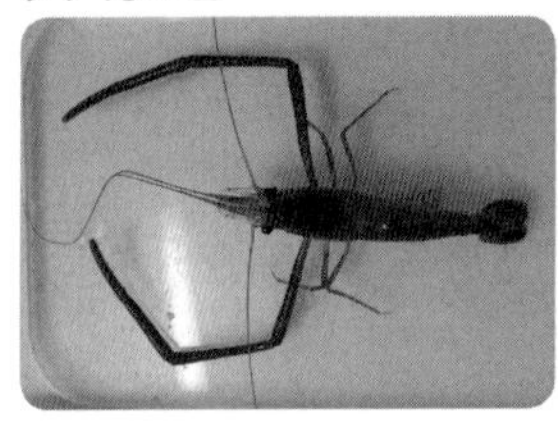

ナマズ

ハス(ケタバス)

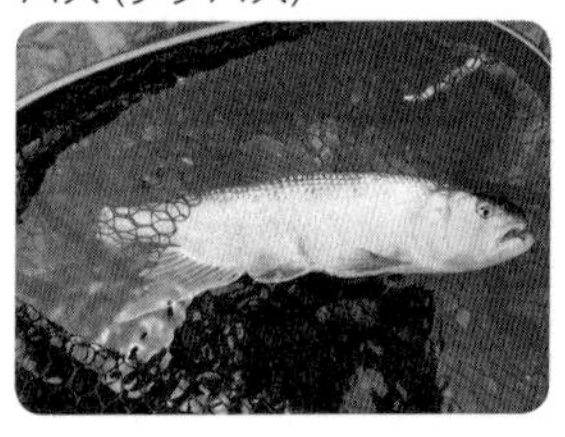

ハゼ

ブラックバス

ヘラブナ

ホンモロコ

マブナ

ヤリタナゴ

原稿取材・執筆者（なにわ淡険隊）

隊長 水廣昭次

大阪府寝屋川市在住。ヘラブナ釣りを始めルアー、フライ等さまざまな釣りを経て、現在はもっぱらタナゴ釣りを中心とした淡水小もの釣りに没頭している。釣り歴は50年以上。
なにわ淡険隊では隊長を務めるほか、数年前Facebook上でタナゴ釣りのグループを立ち上げ、現在メンバーは200人以上。国内はもとより海外も含めた各地のタナゴ釣りファンと交流を深めている。マルキユー（株）大阪支店勤務。

副隊長 仲谷 聡

大阪府大阪市在住。釣り業界一筋30数年。ルアーフィッシングを中心に全国の釣り場で釣りを楽しむが、今は身近なターゲットを真面目にねらう釣りにハマっている。なにわ淡険隊の副隊長として、隊員からの信頼は厚い。最近、会社の新事業でプールを利用した管理釣り場のおっちゃんとして子供たちの人気者でもある。

隊員① 中村耕作

奈良県御所市在住。目の前が海の和歌山県田辺に生まれ、幼少の頃から釣りが大好き。いまも釣りが趣味であり人生の糧。ヘラブナ、タナゴ、ワカサギ、渓流、エギング、メバリングなど海、川、湖問わず、すべての釣りを愛するスーパー70代！近年、無農薬農業を始め、毎年美味しいお米を隊員に配る。

隊員② 疋田奈央

大阪府大阪市在住。釣りとは無縁の生活を送っていたが、釣り具業界に就職したのをきっかけに、釣りにどっぷりハマる。なにわ淡険隊では、例会の段取りや会計などもこなす影の隊長であり、かつ宴会部長としても隊を盛り上げる。

隊員③ 岡村政宏

大阪府池田市在住。釣り好き、魚好きが高じて（株）つり人社に入社。十数年前、大阪転勤の折りに、なにわ淡険隊のメンバーに出会う。仕事柄、全国の釣り場をウロウロし、合間を見つけては水路をのぞき込む日本淡水魚LOVER。

困った時はココ！ 琵琶湖・淀川水系ほか関西キラキラ釣り場案内63

2020年8月1日発行

編　者　つり人社書籍編集部
発行者　山根和明
発行所　株式会社つり人社

〒101－8408　東京都千代田区神田神保町1－30－13
TEL 03－3294－0781（営業部）
TEL 03－3294－0766（編集部）
印刷・製本　図書印刷株式会社

乱丁、落丁などありましたらお取り替えいたします。

ISBN978-4-86447-357-6 C2075
つり人社ホームページ　https://tsuribito.co.jp/
つり人オンライン https://web.tsuribito.co.jp/
釣り人道具店　http://tsuribito-dougu.com/
つり人チャンネル（You Tube）　https://www.youtube.com/channel/UCOsyeHNb_Y2VOHqEiV-6dGQ